Mein Herz schlägt in Afrika

Sonderausgabe für Plan International Deutschland e.V.

Alle Erträge des Buchverkaufs kommen dem Plan-Projekt
»Frühkindliche Förderung« in Mosambik zugute.

Hildegard Buder-Monath
Jens Monath

MEIN HERZ SCHLÄGT IN AFRIKA

Eine Reise mit Henning Mankell

ISBN 978-3-552-05482-0
Ungekürzte Sonderausgabe für Plan International Deutschland e.V.
Lizenz durch ZDF Enterprises GmbH, Mainz

Satz: Eva Kaltenbrunner-Dorfinger, Wien
Lithos: Fotosatz Amann, Aichstetten
Druck und Bindung: Mohn media Mohndruck GmbH, Gütersloh
Printed in Germany

GELEITWORT

Als mich Jens Monath fragte, ob ich bereit wäre, mit ihm, der Nachrichtenmoderatorin Dunja Hayali und einem Team des ZDF eine Reise in einige afrikanische Länder zu unternehmen, begleitet von einem Fernsehteam, war ich zunächst eher skeptisch. Konnten wir auf diese Weise den Ländern und Menschen, die wir trafen, überhaupt gerecht werden?

Doch nachdem ich länger über den Vorschlag nachdachte, entschied ich mich, Ja zu sagen. Insbesondere nachdem ich erfuhr, dass wir Timbuktu und Mali besuchen würden.

Ich glaube, ich war zehn Jahre alt, als ich das erste Mal von der Geschichte und der magischen Atmosphäre Timbuktus las. Fünfzig Jahre lang träumte ich davon, das Land zu bereisen. Nun endlich sollte mein Wunsch in Erfüllung gehen …

Dieses Buch gibt nicht nur unsere Erlebnisse bei den Fernsehaufnahmen wieder. Vielmehr steht es auf ganz eigenen Füßen, auch wenn es zahlreiche Fotos enthält, die während der Dreharbeiten gemacht wurden.

Afrika ist groß. Afrika ist wunderbar. Unser Ehrgeiz war es nie, mehr zu erzählen, als wir es hier tun; es sind kleine, winzige Ausschnitte, aber dennoch voller Bedeutung.

Dies ist ein Teil von dem, was wir sahen, was wir hörten, was wir dachten …

Henning Mankell, 12. 11. 2008

ARECA

ENGAGIEREN SIE SICH FÜR AFRIKA!

1980 wurden in Uganda die ersten Aidsfälle registriert. Trotz großer Anstrengungen im Kampf gegen die Immunschwächekrankheit sind heute etwa eine Million Menschen HIV-infiziert, davon 110 000 Kinder. Zwei Millionen Mädchen und Jungen, etwa 20 Prozent aller ugandischen Kinder, sind Aidswaisen.

Bei dem Besuch von Projekten des Kinderhilfswerks Plan in Uganda habe ich mit Aidskranken und ihren Familien gesprochen. Diese Begegnungen haben mich tief beeindruckt und gezeigt, wie sinnvoll Hilfe sein kann. Plan sorgt dafür, dass die Ausbreitung von HIV/Aids verhindert und die Lebensqualität betroffener Familien verbessert wird. Die Eltern erfahren, wie sie die Zukunft ihrer Kinder rechtlich und finanziell absichern können. Aidswaisen werden medizinisch versorgt und können zur Schule gehen. Es ist wichtig, dass Kinder lernen, wie sie sich vor der tödlichen Krankheit schützen können. Plan setzt auf Aufklärung. Das ist der richtige Weg.

Wir sollten uns bewusst werden, dass unsere Verantwortung nicht an den Grenzen Europas endet. Wir leben in einer Welt, in der die Völker aufeinander angewiesen sind. Darum dürfen wir nicht aufhören, uns für die Menschen in Afrika einzusetzen. Es ist in unserem eigenen Interesse, dass auch die Kinder auf unserem Nachbarkontinent eine Zukunft haben. Unterstützen Sie die Arbeit von Plan.

Henning Mankell, 16. Dezember 2008

VORWORT

Wozu noch ein Buch über Afrika? Ist nicht alles, was an Fakten, Impressionen, Legenden, Schauergeschichten über diesen Kontinent verbreitet wurde, irgendwann einmal zu Papier gebracht worden?

Tatsächlich ist Afrika im 21. Jahrhundert kein »dunkler« Kontinent mehr, keine Terra incognita, wie es den Forschungsreisenden vergangener Jahrhunderte oft erschien. Selbst die unzugänglichen Gebiete der Erde sind ausgeleuchtet, auch in Afrika.

Wir Journalisten haben dank moderner Satellitentechnik von allen Krisenherden, Kriegsschauplätzen und Flüchtlingslagern »live« berichtet, oft mehr, als unsere Zuschauer sehen wollten. Wozu noch ein Buch über Afrika?

Es ist das Gefühl, dass bei unserer Berichterstattung etwas auf der Strecke geblieben ist, bei all den akribischen Bestandsaufnahmen der wirtschaftlichen Entwicklung afrikanischer Staaten, den Diskussionen über Sinn und Unsinn von Entwicklungshilfe und der bei Medien und Reportern gleichermaßen beliebten Kriegs- und Katastrophenberichterstattung.

Es sind die leiseren Töne Afrikas, die wir dabei überhören. Es sind die vielen Farben zwischen Schwarz und Weiß, die uns beim eiligen Schreiben und Berichten verloren gehen. Es sind die Stimmen der Afrikaner, denen zuzuhören wir – vor lauter Expertenwissen – vergessen haben.

Es ist die Geschichte Afrikas, die in unseren Schulen und Universitäten nicht oder kaum gelehrt wird. Afrika war nicht, wie viele westliche Historiker gerade im ausgehenden 19. und im beginnenden 20. Jahrhundert gern behaupteten, ein kulturloser Kontinent, dessen Geschichte erst mit dem Beginn der europäischen Kolonialisierung und der Begründung der Kolonialreiche ihren Anfang nahm. Große, mächtige Reiche gab es schon lange, bevor die Europäer kamen, und zu einer Zeit, als in Europa die meisten Menschen weder schreiben noch lesen konnten und viele in Hunger und Elend lebten. Es gab eine Zeit, in der manche Länder Afrikas Europa voraus waren, in der Afrika bewundert und sogar kopiert wurde. Diese frühe europäische Würdigung Afrikas ist dem schwedischen Schriftsteller Henning Mankell Anlass, uns jetzt aufzufordern, wiederum einen neuen Blick auf den Kontinent, seine Geschichte und Kultur zu richten:

»Vor 1850 lassen sich in der europäischen Literatur kaum Beispiele für abwertende Berichte über den afrikanischen Kontinent und seine Menschen finden. Es gab zwar spekulative Greuelgeschichten, doch dabei handelte es sich um Ausnahmen, die keine große Auswirkung auf das allgemeine Afrikabild hatten. Europäische und arabische Reisende hatten Jahrhunderte hindurch mit Respekt von den Menschen und Kulturen geschrieben, denen sie begegnet waren. Dieser Respekt ging oft in reine Bewunderung für die wissenschaftliche und soziale Entwicklung verschiedener afrikanischer Königreiche über.

Aber von der Mitte des 19. Jahrhunderts an beginnt das Bild sich plötzlich zu verändern. Was früher mit Respekt behandelt wurde, wird jetzt mit Misstrauen betrachtet. In diesen Jahren erlebt auch die pseudowissenschaftliche Rassenkunde einen Aufschwung und wird zur Grundlage politischer Beschlüsse. Dies ist natürlich kein Zufall, denn es ist die Zeit, in der Afrika von Europa kolonisiert wird. Es setzt jener Wettlauf auf Eroberungen in Afrika ein, zu dem die berüchtigte Berliner Konferenz 1884/85 den Startschuss gibt. Um diesen Übergriff gegen verschiedene Völker und Regionen in Afrika zu rechtfertigen, braucht man ein Alibi. Ein solches glaubt man unter anderem gefunden zu haben, indem man die Notwendigkeit eines europäisch dominierten Zivilisationsprozesses für Afrika predigt. Mit Kanonen, Kruzifixen und Kassenbüchern soll Afrika auf das Niveau der zivilisierten Welt angehoben werden.

Binnen weniger Jahrzehnte werden die Afrikaner zu unwissenden, beinahe tierischen Wesen herabgewürdigt, die weit unter dem Niveau leben, das die Europäer repräsentieren. Dieses Bild von Afrika existierte bis weit ins 20. Jahrhundert hinein. Erst nach dem Zweiten Weltkrieg ändert sich die Sichtweise. Aber noch heute, im Jahr 2008, basiert das in Europa präsentierte Afrikabild nicht selten auf Halbwahrheiten – oder auf halben Lügen. Immer noch interessiert es uns mehr, darzustellen, wie Afrikaner sterben, als wie sie leben. Noch sind wir nicht ernsthaft bereit, den eigenen Geschichten der Afrikaner zuzuhören. Immer noch ziehen wir es vor, selbst zu reden …«

Als wir Henning Mankell fragten, ob er uns bei unserer Afrikareise begleiten wolle, überlegte er keine fünf Minuten. Aber erst, nachdem wir unser Programm und den »anderen« Ansatz zu unserem Film dargestellt hatten.

Dann war sein »Ja« ohne Bedingung und ohne Einschränkung.

Wir hätten keinen besseren Begleiter finden können. Der gefeierte Bestsellerautor hat seinen Wohnsitz in Maputo, der Hauptstadt von Mosambik, und arbeitet als Regisseur am dortigen Teatro Avenida. Afrika ist ihm zur zweiten Heimat geworden. Er hat Romane über Afrika geschrieben, die tiefe Einblicke und Einsichten vermitteln, und fordert in der Öffentlichkeit ein konsequenteres Engagement der reichen Welt für die Armen Afrikas. Das hat ihm nicht immer Beifall eingetragen.

Wir besuchten Henning Mankell in Mosambik und reisten mit ihm nach Senegal, Uganda, Malawi und zuletzt nach Mali. In jedem dieser Länder fanden wir Menschen und Geschichten, die unseren Blick und unsere Wahrnehmung auf Afrika als Ganzes schärften. Sie ließen uns auch unsere eigene Beziehung zu diesem scheinbar so fremdartigen Kontinent in einem anderen Licht sehen.

Henning Mankell lehrte uns, die leisen Stimmen zu hören und die vielen Farbtöne zwischen Schwarz und Weiß zu sehen. Er half uns, das Glück in den Augen der Kinder zu entdecken, deren Leben in unseren Augen nur elend erscheint. Er staunte mit uns über die alten Handschriften Timbuktus, die von einem Afrika als Zentrum der gelehrten Welt künden, und im ostafrikanischen Rift Valley lernte er mit uns, dass wir alle von denselben Vorfahren abstammen.

Wir trafen ihn in Maputo, am Teatro Avenida. Dies ist der Beginn unserer Reise.

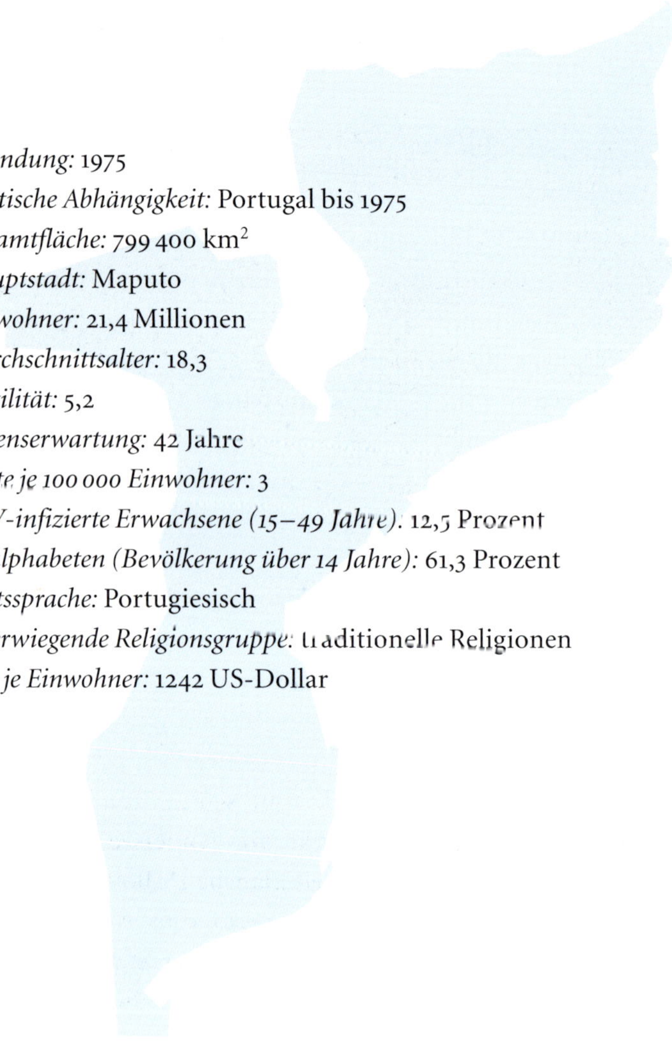

Gründung: 1975
Politische Abhängigkeit: Portugal bis 1975
Gesamtfläche: 799 400 km²
Hauptstadt: Maputo
Einwohner: 21,4 Millionen
Durchschnittsalter: 18,3
Fertilität: 5,2
Lebenserwartung: 42 Jahre
Ärzte je 100 000 Einwohner: 3
HIV-infizierte Erwachsene (15–49 Jahre): 12,5 Prozent
Analphabeten (Bevölkerung über 14 Jahre): 61,3 Prozent
Amtssprache: Portugiesisch
Überwiegende Religionsgruppe: traditionelle Religionen
BIP je Einwohner: 1242 US-Dollar

MOSAMBIK

Henning Mankell *oder* Der Chronist der Winde

Maputo, Mosambik.

Im Teatro Avenida probt Henning Mankell mit seinen Schauspielern ein neues Stück: *Endstation Sehnsucht*, den Klassiker von Tennessee Williams, der vom Abstieg der weißen Südstaatenschönheit Blanche DuBois aus begütertem Hause erzählt. Mankell lässt die Handlung weiterhin in den fünfziger Jahren des 20. Jahrhunderts in New Orleans spielen. Aber jetzt ist es die Geschichte einer schwarzen Arbeiterfamilie. Auch Blanche DuBois ist schwarz. Zwar ist es das gleiche Stück, in dem Marlon Brando einst spielte, doch mit einem anderen Ausgangspunkt.

Trotz der komplizierten Inszenierung erleben wir, dass Henning Mankell entspannt, aber zugleich außerordentlich konzentriert ist. Trotz der Hitze – fast vierzig Grad auf dieser Bühne, in diesem Theatersaal ohne Fenster – lässt er kein Zeichen von Ermüdung erkennen. Das Hemd ist aufgeknöpft, der Schweiß rinnt, aber er leitet die Arbeit mit einer ruhigen Intensität.

»*Du musst meinen, was du sagst, jedes Wort! Sonst machst du es schwer für uns, zu verstehen, was du in exakt diesem Augenblick willst.*«

Die Anweisungen an Lucrezia Paco, die Schauspielerin, die die Blanche DuBois spielt, sind klar. Sie versteht. Seit zwanzig Jahren arbeiten sie und Henning Mankell zusammen, mehr als dreißig Produktionen haben sie hinter sich. Und noch immer ist es ihnen eine Freude und eine Herausforderung, sich bei der Arbeit an einem neuen Stück zu begegnen.

»*Hier musst du flüstern*«, sagt Henning Mankell. »*Aber du darfst nicht so leise flüstern, dass die letzte Reihe dich nicht hört.*«

Die letzte Reihe im Teatro Avenida kann man von der Bühne aus kaum sehen, so dunkel ist es. Die Lampen sind ausgeschaltet, da es sonst noch wärmer wäre. Auch bei Lucrezia Paco und ihren Schauspielerkollegen fließt der Schweiß in Strömen. Henning Mankell hat den Kopf voller Ideen, läuft unermüdlich vor der Bühne auf und ab, macht Vorschläge und gibt Regieanweisungen.

Wir sind in Afrika, wir sind in Henning Mankells zweiter Heimat Mosambik, und in dem Theater, in dem er seit zwanzig Jahren arbeitet. Das *Teatro Avenida* ist im Lauf dieser Jahre immer berühmter geworden, nicht nur in Afrika, sondern auch in Europa.

Maputo ist die Hauptstadt von Mosambik, die erste Station unserer Reise und der Ort, an dem wir Henning Mankell zum ersten Mal treffen.

Er erzählt uns, wie es ihn hierher verschlagen hat. 1986 lud die Theaterdirektorin, Manuela Soeiro, ihn für eine Woche ein. »*Irgendwie hatte sie von mir gehört und mitgekriegt, dass ich was mit Theater zu tun habe.*«

Der Schriftsteller lebte zu der Zeit im Norden Sambias, wo seine damalige Frau als Hebamme tätig war, und sah den Aufenthalt in Maputo als willkommene Abwechslung. Die Arbeit mit den Schauspielern am Theater machte ihm aber so viel Freude, dass er sie immer länger fortführte. Aus einer Woche wurden zweiundzwanzig Jahre, Ende offen. »*Am Anfang war es schwierig*«, erzählt Henning Mankell. Die Flugverbindungen zwischen Sambia und Mosambik waren selten und unregelmäßig, die Pendelei kostete Zeit und

C F M

Nerven. Besser wurde es, als Mankells Frau eine Arbeit in Maputo fand und sie dort eine Wohnung mieteten. Was so kurz nach Ende des jahrelangen Bürgerkriegs nicht einfach war. Ganze Straßenzüge waren völlig zerstört. Auch mit der Kommunikation haperte es.

Ein Fax nach Europa konnte den ganzen Tag in Anspruch nehmen, erinnert sich der Schriftsteller. Und man musste vieles aus Europa bestellen, weil es in Mosambik nicht zu bekommen war: eine bestimmte Lampe etwa oder ein Mischpult für das Theater. Heute – mit Computer und E-Mails – sei das Arbeiten hier sehr viel einfacher geworden.

Maputo hat sich seit seiner Ankunft vor zweiundzwanzig Jahren gründlich verändert. Aus Schutt und Asche des Bürgerkriegs ist eine typische afrikanische Großstadt erwachsen: mit ein paar Hochhäusern, einer kleinen, charmant verfallenden Altstadt, in der früher vor allem die Portugiesen ihre Geschäfte hatten, einem im Kolonialstil erbauten Bahnhof, an dem höchstens zwei Züge pro Tag abfahren oder ankommen, und das Ganze umringt von Slums.

Offiziell leben knapp 1,2 Millionen Menschen in Maputo, doch diese Zahl stimmt schon lange nicht mehr. Auf der Suche nach einem Broterwerb kommen täglich Leute vom Land in die Hauptstadt, die Slums wachsen unkontrolliert, die Armut wächst mit: In der Entwicklungsstatistik der Vereinten Nationen steht Mosambik an 172. Stelle von 177 Ländern.

Viele Häuser sind baufällig, weil das Geld für die Renovierung fehlt. Das Gleiche gilt für die Straßen. Auch das Gebäude des Teatro Avenida ist ständig reparaturbedürftig.

Eine Frage, die ihm häufig gestellt wird, lautet: »Warum soll man in einem Land, in dem die Armut, der Hunger und der Mangel an Schulen und an Krankenpflege so groß ist, überhaupt Theater spielen?«

»Es gibt keinen Widerspruch zwischen der Armut und der Notwendigkeit des Theaters«, lautet seine Antwort. *»Dass Menschen nicht vom Brot allein leben, ist eine alte Wahrheit. In einem Land mit mindestens fünfzig Prozent Analphabeten ist das lebendige Theater ein wichtiges Instrument, um den Menschen eine Möglichkeit zu geben, Kunst zu erleben. Die Kultur ist trotz allem der Kitt oder der Leim jeder Gesellschaft.«*

Für ihn ist Bildung der Schlüssel zu einer besseren Zukunft Afrikas. Und sein Theater soll helfen, den Menschen in Mosambik Bildung näherzubringen, es soll sie buchstäblich »von der Straße wegholen«.

Wir fahren durch Maputo. Die Straßennamen vermitteln uns einen Blick in Mosambiks Vergangenheit: Wir stoßen auf die Avenida Mao, die Avenida Lenin, die Avenida Karl Marx und die Avenida Friedrich Engels. Selbst Kim Il-Sung und Mobutu, die verstorbenen Diktatoren Nordkoreas und Zaires, sind vertreten. Ob es Unwissenheit ist, dass diese Straßen heute noch nach brutalen Herrschern heißen, oder Gleichgültigkeit, wissen wir nicht. Immerhin hat Mosambik selbst grausame Zeiten erlebt, keine günstige Voraussetzung, um das Elend anderswo auf der Welt zur Kenntnis zu nehmen.

Heute geht es den meisten Menschen schlicht ums tägliche Überleben. So wie seit Jahrhunderten, daran hat auch das Ende der Kolonialzeit wenig geändert.

Am Ende der kolonialen Ausbeutung durch die Portugiesen, die fast fünfhundert Jahre andauerte, gab es 1975 in ganz Mosambik nur einen einzigen schwarzen Arzt. Wenn Henning Mankell über die portugiesische Kolonialherrschaft in Afrika spricht, schüttelt er noch heute den Kopf über deren Brutalität und Missachtung selbst der elementarsten Rechte. Jahrhunderte-

lang hatten es die portugiesischen Kolonialherren den Mosambikanern verwehrt, qualifiziertere Berufe zu erlernen. Sie waren billige Arbeitskräfte, sonst nichts. Auch mit der Befreiung kamen nicht unbedingt bessere Zeiten. Die Nachbarstaaten Rhodesien und Südafrika, die damals unter weißer Vorherrschaft standen, fürchteten nichts mehr als die Entstehung eines prosperierenden Staates unter schwarzer, sozialistischer Herrschaft und gründeten mithilfe ihrer Geheimdienste, unterstützt von BND und CIA, die Guerillabewegung »Renamo«, die unvorstellbare Grausamkeiten beging und Mosambik in ein sechzehnjähriges Bürgerkriegsinferno stürzte. Die Renamo rekrutierte mit Vorliebe Kinder als Soldaten, weil diese leicht gefügig zu machen waren. Sie wurden aus ihren Dörfern verschleppt, ihren Eltern entrissen und mussten oft zusehen, wie die Rebellen ihre Familien niedermetzelten. Vom Schutz der Renamo-Führer abhängig, bei denen sie Ersatz für ihre meist getöteten Eltern suchten, ließen sich die Kindersoldaten schneller als Erwachsene zu den schlimmsten Bluttaten anstiften. Viele der Zehn- bis Vierzehnjährigen wurden gleich gezwungen, Menschen zu ermorden, um alle Skrupel und Hemmungen von vornherein abzutöten. Zehntausende wurden so von klein auf schwer traumatisiert und ihrem Zuhause entfremdet. Nach dem Ende des Bürgerkriegs 1992 blieben viele als Straßenkinder in der Hauptstadt, gründeten Banden und lebten von kleinen Diebstählen und Bettelei.

Als Henning Mankell 1986 nach Maputo kam, wurden ihm die Straßenkinder zum vertrauten Anblick. Ihr Schicksal beschäftigte ihn, ging ihm nicht mehr aus dem Sinn. Bis er sich entschloss, ihnen ein Buch zu widmen.

»*Zwanzig Jahre brauchte ich, bis ich mich an meinen ersten Roman über Afrika wagte*«, erzählt uns der Schriftsteller. »*Am Anfang wusste ich zu wenig über diesen Kontinent und traute mich nicht, etwas darüber zu sagen. Aber mit jedem Tag, den ich hier lebte, öffnete sich die Tür zum Verständnis ein wenig mehr. Schließlich begann ich, über Afrika zu schreiben.*«

Wir werden auf der vor uns liegenden Reise selbst erleben, wie die Türen zum Verständnis Afrikas sich nur langsam öffnen, wie schwer es manchmal ist, vom äußeren Schein der Dinge auf ihren wahrhaftigen Kern zu schließen.

Der Chronist der Winde, einer von Mankells Afrikaromanen, erzählt das Schicksal des zehnjährigen Straßenjungen Nelio, der sich, nach einer Schießerei schwer verletzt, auf ein Hausdach rettet und einem jungen Bäcker seine Lebensgeschichte schildert, zum Weitererzählen. Und das Weitererzählen ist wichtig, denn das Kind Nelio hat in seiner kurzen Lebensspanne mehr erlebt und mehr an Grundsätzlichem über die menschliche Existenz erfahren als die meisten Erwachsenen.

»*Ich bin ziemlich sicher, dass ich in Zukunft mehr über Afrika, mehr über mein eigenes und Europas Verhältnis zu Afrika schreiben werde*«, sagt Henning Mankell. »*Jetzt beginne ich zu spüren, dass ich trotz allem ein wenig über diesen Kontinent weiß. Doch ich bin vorsichtig. Ich bin mir ständig bewusst, dass ich mich Afrika und seinen Menschen nur mit der größten Demut nähern kann.*«

Man kommt nicht umhin, in *Der Chronist der Winde* immer wieder Henning Mankell in der Rolle des Chronisten zu hören, dem er die folgenden Worte in den Mund legte:

»*Tag und Nacht, ununterbrochen, bewegen sich meine Lippen, als würde ich eine Geschichte erzählen, die niemand je anzuhören bereit war. Es ist, als hätte ich schließlich akzeptiert, dass der Monsun, der vom Meer herantreibt, mein einziger Zuhörer ist, immer aufmerksam, geduldig wie ein alter Priester darauf wartend, dass das Bekenntnis schließlich zu einem Ende kommt.*«

Als Henning Mankell von der Entstehung des Romans berichtet, sitzen wir in einem kleinen Café vor dem Teatro Avenida. Nur fünf Tische gibt es, der Schriftsteller hat den hintersten ausgesucht, mit Blickrichtung zur Straße, sein Stammplatz. Hier hat er viele Entwürfe für Bücher und sogar ganze Kapitel geschrieben, auch von *Der Chronist der Winde*.

Mankell bestellt schwarzen Tee, bevor er weiterzählt. Nelios Geschichte konnte er schreiben, weil er selbst das Gefühl des Allein-gelassen-Werdens und der Angst kennengelernt hatte. Seine Mutter verließ die Familie, als er noch klein war, er wuchs beim Vater auf.

»*Und dann, ich muss so um die neun Jahre alt gewesen sein, wurde ich eines Nachts von einem merkwürdigen Geräusch geweckt. Ich knipste das Licht an und sah meinen Vater auf dem Boden liegen, blutüberströmt. Mein erster Gedanke war, nein, bitte nicht, nicht auch noch mein Vater. Aber es war nur ein Unfall.*«

Henning Mankell verstummt kurz. In einer plötzlichen Wende, die typisch für ihn ist, wenn man ihm zu nahe kommt, wechselt er zu einem anderen, unverfänglichen Thema.

Ende der 1990er-Jahre inszenierte er *Der Chronist der Winde* als Theaterstück. Lucrezia Paco übernahm die Rolle des Albinomädchens Deolinda, das von Nelio in die Bande der Straßenkinder aufgenommen wird und sogleich die sexuellen Fantasien der heranwachsenden Knaben weckt.

Als Lucrezia Paco die Garderobe verlässt, stellt Mankell uns vor. Zuerst aber umarmt er sie und lobt sie auf Portugiesisch für ihre schauspielerische Leistung. In diesem Moment fällt alles Übellaunige und Sperrige von ihm ab, das er bei mancher Gelegenheit mit Kurt Wallander gemein hat, dem Kommissar seiner berühmten Kriminalromane. Er ist ganz Wärme und Herzlichkeit.

Mit fünfzehn Jahren verlässt Henning Mankell sein Zuhause, ohne Schulabschluss, ohne Berufsausbildung. Ein Jahr schlägt er sich in Paris irgendwie durch. Dort trifft er erstmals auf einen Afrikaner: »*Ich hatte solche Lust auf eine Zigarette, und mein Gegenüber im Bistro bot mir eine an. Er war Afrikaner.*« Zurück in Stockholm, wird er Regieassistent am Rijks-Theater. Danach heuert er als Matrose auf einem Hochseedampfer an und kommt so vierundzwanzigjährig zum ersten Mal nach Afrika. Den Wunsch, nach Afrika aufzubrechen, habe er, wie er uns erzählt, schon als Zehnjähriger verspürt, als er sich in Afrikabücher vergrub und fasziniert von der fernen, sagenumwobenen Stadt Timbuktu las, die er erst fünfzig Jahre später, auf unserer gemeinsamen Reise, kennenlernen wird. Kein geradliniger Lebenslauf, eher einer, der geprägt ist vom Suchen und vom Finden, von Aufbruch und Entdeckung, von Gelingen und Scheitern.

Afrika vermittelte Henning Mankell eine grundlegende Erkenntnis: *»Ich verlor meine Angst vor dem Tod. Ich begriff hier, dass der Tod und die Verstorbenen zum Leben gehören. Heute spreche ich wie die Afrikaner mit meinen toten Freunden, höre ihnen zu und rede zu ihnen. Vor allem auch mit meinem toten Vater spreche ich oft. Das hat mich von Grund auf verändert.«*

Was das Gespräch mit den Toten für viele Afrikaner bedeutet, erleben wir am nächsten Tag, als wir mit Lucrezia Paco durch Maputo streifen und sie uns einlädt, sie zum Grab ihres Vaters zu begleiten. Ihr Vater, so erzählt uns die Sechsunddreißigjährige von auffallender Schönheit, war nicht glücklich darüber, dass sie Schauspielerin werden wollte, ein »richtiger« Beruf wäre ihm lieber gewesen. Er starb, bevor Lucrezia unter der Regie von Henning Mankell ihre ersten Erfolge feierte. »Henning ist für mich ein Ersatzvater«, erzählt sie uns auf dem Weg zum Grab. »Er war immer für mich da, wenn ich Hilfe brauchte, er gehört zu meiner Familie.«

Lucrezia stellt eine Vase mit einem Strauß gelber Nelken vor den Grabstein. Einem Straßenjungen, der in den Resten einer Plastikflasche Wasser für die Blumen gebracht hat, drückt sie fünfzig Metical in die Hand, umgerechnet ungefähr 1,50 Euro. Das ist für den Jungen viel Geld. Lucrezia stammt selbst aus armen Verhältnissen und gibt heute gern etwas von ihrem Wohlstand ab.

»Vor der Premiere eines neuen Stückes gehe ich immer zum Friedhof«, vertraut sie uns an. »Ich bitte meinen Vater um Beistand für die Aufführung und sage ihm, wie sehr ich mir wünsche, dass ihm das Stück gefällt.«

Auf dem Rückweg zum Theater erzählt Lucrezia, wie sie sich auf ihre Rolle der Deolinda in Mankells Stück über Nelio, den Chronisten der Winde, vorbereitet hat. Zusammen mit Henning Mankell besuchte sie damals Straßenkinder, sprach mit ihnen. Einige wurden auch ins Theater eingeladen und erzählten den Schauspielern von ihrem Leben. Unter ihnen war ein Albinomädchen namens Rosinha. Sie war damals fünfzehn, hatte mehrere Jahre auf der Straße gelebt. »Sie war stark, besaß einen ungebrochenen Lebenswillen«, erinnert sich Lucrezia.

Sie war lange bei den Proben dabei, immer wieder stellte sie etwas richtig, gab Anregungen. Als das Stück fertig einstudiert war, ging Rosinha zurück in ihr Viertel, auf die Straße. Henning Mankell wollte ihr helfen, ein neues Leben zu beginnen, aber sie lehnte ab. Lucrezia hat Rosinha seit Jahren nicht mehr gesehen. Wir schlagen vor, sie zu suchen, und verabreden uns für den Tag nach der Premiere.

Am Premierenabend herrscht großes Gedränge vor dem Teatro Avenida. Frauen in langen Roben und teuren Schuhen stehen vor dem Eingang, in Begleitung von Männern in feinem Tuch, aber auch zahlreicher Kinder, weißer wie schwarzer. Sie alle wollen Lucrezia und ihre Schauspielerkollegen in Henning Mankells Fassung von *Endstation Sehnsucht* sehen. Die Hitze im

Theater ist immer noch genau so unerträglich wie bei den Proben. Jeder wedelt mit einer Zeitung oder einem Stück Pappe vor dem Gesicht herum, um sich etwas Luft zu verschaffen. Henning Mankell ist nervös, er feiert an diesem Tag nicht nur Premiere, es ist auch sein 60. Geburtstag.

Dann endlich beginnt die Vorstellung. Als der Vorhang sich hebt, herrscht Stille. Schnell wird es im Publikum aber wieder lebhaft, ein Baby weint, Handys klingeln, ab und an wird hörbar getuschelt. Die Schauspieler lassen sich davon nicht beeindrucken. Lucrezia, besser gesagt: Blanche, hebt zu einem längeren Monolog an. Sie beklagt, die Liebe ihres Mannes verloren zu haben. Auf einmal sind alle still. Auch ohne Portugiesischkenntnisse verstehen wir: Lucrezia ist eine Meisterin ihres Fachs. Sie gibt der ewigen Suche nach Liebe und Geborgenheit, die jeden umtreibt, Gestalt.

Der Applaus will nicht enden, als das Stück zu Ende ist. Schließlich bittet Manuela Soeiro, die Theaterdirektorin, Henning Mankell auf die Bühne. Er ist sichtlich verlegen, mag es nicht, im Mittelpunkt zu stehen. Als Lucrezia ihm einen riesigen Blumenstrauß überreicht, kann er vor Rührung kaum etwas sagen.

Am nächsten Tag treffen wir, wie verabredet, Lucrezia Paco, um mit ihr nach Rosinha zu suchen. Lucrezia hat gehört, sie sei oft auf dem Markt *Baraca do Museu*. Wir finden eine Ansammlung enger, überdachter Gassen, mit Kneipen und kleinen Läden, darunter auch Bars mit aufgetakelten jungen Frauen. Unsere Suche führt vom Markt zu einem Park, wo uns Straßenkinder erzählen, dass Rosinha weggezogen ist, auf die andere Seite Maputos. Wir hoffen, dass sie ihrem Leben eine Wende zum Besseren geben konnte.

Als wir sie zwei Tage später in einer düsteren, übel riechenden Bar aufspüren, ist klar, dass sie es nicht geschafft hat. Krank und gebrochen wirkt die junge Frau, die Lucrezia als Rosinha anspricht. Als sie die Schauspielerin erkennt, blickt sie, offenbar aus Scham, zu Boden.

In der Bar sitzen Männer und Frauen vor selbst gebrautem starkem Maisbier, ein festes Gitter trennt die Theke von dem Getränkebord und der Kasse. Zwischen den Erwachsenen sitzen Kinder, Ventilatoren übertönen ihre müden Stimmen. Rosinha hat noch immer großes Vertrauen zu Lucrezia und erzählt ihr, was alles geschehen ist, seit sie sich das letzte Mal sahen. Lucrezia

kämpft ständig mit den Tränen. Die beiden unterhalten sich in Ronga, einer der einheimischen Sprachen Mosambiks, dazwischen gebrauchen sie immer wieder portugiesische Wörter. Lucrezia übersetzt, was ihr die Jüngere erzählt.

»Ich hatte ein Baby mit einem Russen. Eines Tages hat er das Kind genommen und ist nach Russland gegangen«, berichtet Rosinha. »Ich habe den Kleinen nie wieder gesehen.« Jetzt sei sie krank, sagt sie. Lucrezia glaubt, dass sie sich mit HIV infiziert hat. Nach einem Sturz schmerzt ihr Bein, aber eine Krankenhausbehandlung kann sie sich nicht leisten. Sie lebt wieder auf der Straße. »Weder mein Mann« – Rosinha zeigt auf einen Mann zu ihrer Rechten, um einiges älter als sie – »noch ich verdienen Geld. Wie immer wir uns auch bemühen, wir finden keine Arbeit.« Immer mehr Menschen drängen in die Bar, weil sie erfahren haben, dass Weiße hier sind. Lucrezia beendet das Gespräch und bedeutet uns zu gehen, um Rosinha und uns nicht in Schwierigkeiten zu bringen. »Das ist keine sichere Gegend hier«, sagt Lucrezia leise zu uns. Sie verspricht Rosinha, wiederzukommen und mit ihr gemeinsam zu überlegen, wie sie ihr helfen kann.

Endstation Sehnsucht: Dieses Schicksal teilt Rosinha mit vielen ihrer Landsleute. Lucrezia fürchtet, dass die junge Frau ohne rasche Hilfe bald

sterben könnte. Anonym, auf der Straße, ohne Freunde und Verwandte und – anders als der Straßenjunge Nelio in *Der Chronist der Winde* – ohne den Beistand eines ihr Nahestehenden, dem sie zuvor ihre Geschichte erzählt hat.

Das hätte auch Sophia passieren können, einem Mädchen, das bei der Explosion einer Mine, die aus dem Bürgerkrieg zurückblieb, beide Beine verlor. Damals war sie zehn Jahre alt und hatte vom Leben nichts mehr zu erwarten. Ihre Schwester war bei der Explosion getötet worden, sie stand allein da. Einen Teil ihrer Familie hatte sie schon im Krieg verloren. Henning Mankell begegnete ihr auf den Stufen eines Krankenhauses und kam mit ihr ins Gespräch. Seine beiden Jugendbücher *Das Geheimnis des Feuers* und *Das Rätsel des Feuers* sind von ihrer Lebensgeschichte inspiriert.

Ein paar Tage nach der Premiere lädt er uns ein mitzukommen zu einem – wie er sagt – besonderen Ereignis. Im Auto geht es nach Boane Massaka, einem Dorf, ungefähr anderthalb Stunden von Maputo entfernt. Als wir ankommen, hat sich das ganze Dorf versammelt. Frauen singen, Kinder schreien, Männer bringen Essen und Getränke.

Eine junge Frau nähert sich uns, hinkend. Es ist Sophia. Als sie Henning Mankell sieht, lachen beide und umarmen sich. Sophia trägt Prothesen, mit

ihren Krücken kann sie sich sicher fortbewegen. Sie hat inzwischen eine Tochter, ihr Leben geht weiter. Dass sie wieder Mut gefasst hat, verdankt sie nicht zuletzt Henning Mankell. Der verliert zwar keinen Ton darüber, ist dann aber doch ein bisschen stolz darauf, dass Sophias hübsches kleines Haus inmitten des Dorfes von ihm bezahlt worden ist. Drei Zimmer, Fenster, solide Steinmauern und ein wasserdichtes Dach – das ist hierzulande schon beinahe Luxus. Ein solches Geschenk könnte den Neid der anderen Dorf-

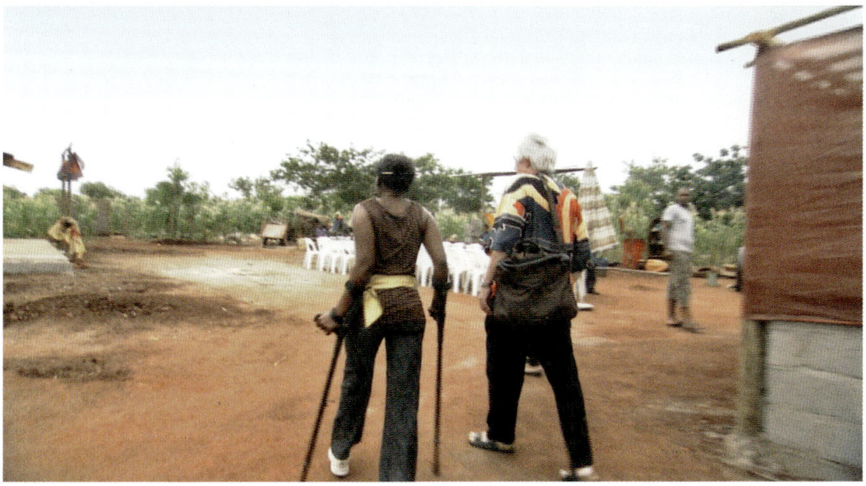

bewohner heraufbeschwören, deshalb hat er es nicht größer bauen lassen. Er wollte einfach nur dazu beitragen, dass Sophia glücklich wird.

Wir verabschieden uns von Henning Mankell. In wenigen Wochen wollen wir uns in Dakar, der Hauptstadt Senegals, wiedertreffen und von dort zu unserer gemeinsamen Reise aufbrechen.

TAXI
DK-0148-M

Gründung: 1960
Politische Abhängigkeit: Frankreich bis 1960
Gesamtfläche: 196 700 km²
Hauptstadt: Dakar
Einwohner: 12,4 Millionen
Durchschnittsalter: 19,1
Fertilität: 5,3
Lebenserwartung: 63 Jahre
Ärzte je 100 000 Einwohner: 6
HIV-infizierte Erwachsene (15–49 Jahre): 1,0 Prozent
Analphabeten (Bevölkerung über 14 Jahre): 60,7 Prozent
Amtssprache: Französisch
Überwiegende Religionsgruppe: Muslime
BIP je Einwohner: 1792 US-Dollar

SENEGAL

Auftakt: Zwei Strände

Die Strände könnten unterschiedlicher nicht sein. Der eine sauber, ohne jeden Unrat. Kein noch so kleiner Papierfetzen stört das Auge, kein Verwesungsgestank toter Fische die Nase. Auf Sardinien reinigen Hilfskräfte jeden Morgen Hunderte Kilometer Strand. Das Wasser ist glasklar, von intensivem Türkisblau. Kinder lachen, Männer stehen mit der *Gazetta dello Sport* bis zum – oftmals stattlichen – Bauch im Wasser. Frauen waten, um möglichst nahtlos braun zu werden, mit herabfallenden Bikiniträgern und dem Handy am Ohr durch das kühle Nass. Das Raunen Tausender Stimmen liegt über dem Wasser, und aus dem Geräuschpegel erhebt sich die laute Stimme eines einzelnen Mannes. Er ist von schwarzer Hautfarbe und bietet den Sonnenbadenden an, was sie schon im Überfluss besitzen: Sonnenbrillen, Handyhüllen, Uhren, DVDs, Strandtücher und Sonnenschirme.

Der andere Strand wird ebenso von der Vormittagssonne aufgewärmt, bis das surreale rosa Morgenlicht einer gleißenden Helligkeit gewichen ist. Doch mit jeder Welle spült das Meer Schmutz an Land. Der Strand ist übersät von Obstschalen, Plastikabfällen, Scherben und den Gräten abgenagter Fische. Der Geruch von Verwesung und Fäkalien raubt einem den Atem. Im Sand Holzboote, zwei bis acht Meter lang, kunstvoll bemalt und verziert. Und wer genau hinsieht, erblickt unter dem Bug ein kleines Etwas – man erkennt nicht gleich, was es ist –, das die Fischer beschützen soll. Doch der Talisman, der hier »Grisgris« heißt, hat viele von ihnen im Stich gelassen.

Das ist die Heimat des Mannes von schwarzer Hautfarbe.

Hier, am Strand von Thiaroye sur Mer, nur wenige Kilometer außerhalb von Dakar, der Hauptstadt Senegals, hat er früher sein Fischernetz geflickt, so wie es seine Brüder und Freunde noch heute tun, während er an einem italienischen Badestrand Sonnenbrillen zum Kauf anbietet.

Bestimmt hat mancher von uns, als er an einem Mittelmeerstrand lag und von einem Dunkelhäutigen eine gefälschte Designerbrille erstand, sich schon einmal gefragt, woher der fliegende Händler wohl kommt und wie er sich in Europa durchschlägt. Und hat bestimmt schon einmal seinen Ehrgeiz dareingesetzt, den Preis so weit herunterzutreiben, dass er sich am Ende selbst

nicht erklären konnte, was der Verkäufer daran noch verdienen soll. Und, bevor sich so etwas wie Gewissen meldet, reflexartig in dem Gedanken Zuflucht gesucht, dass der arme Teufel ja auch nach Hause, nach Afrika, zurückgehen kann, wenn es ihm hier nicht passt. Denn das vorgefasste Urteil, dass diese Leute ohnehin irgendwie »auf unsere Kosten« leben und ihre missliche Lage somit selbst verschuldet ist, dient uns gleichsam als Schutzschild gegen Mitleid und Anteilnahme. Gegen die Ahnung, dass uns ihr Schicksal doch etwas angeht.

Thiaroye sur Mer *oder* Die Hintertür Afrikas

Unsere Reise durch Afrika führt uns dorthin, wo für viele Afrikaner die Reise nach Europa beginnt – und in der dunklen Vergangenheit der Sklaverei oftmals auch begonnen hat. Nach Senegal. Nach Thiaroye sur Mer, eine Ortschaft mit etwa vierzigtausend Einwohnern in der Nähe der chaotischen Hauptstadt Dakar. In einen Ort, der dicht bevölkert, eng und heiß ist. Der Geruch von Fischabfällen hängt über den Straßen wie ein dichter Nebel, von alters her leben die Menschen von der Fischerei. Thiaroye sur Mer ist ein trister Vorort mit kleinen Straßen, über die Autos und Eselskarren holpern. Auf den Gehwegen türmt sich Dreck, Frauen in traditionellen, farbenfrohen Gewändern, die dazu passenden Tücher kunstvoll um den Kopf geschlungen, verkaufen am Straßenrand Fisch und Getränke. Auf jedem freien Platz spielen Kinder Fußball; barfuß, mit Gummilatschen oder, die Luxusvariante, mit einem Schuh an dem Fuß, mit dem sie schießen. Ein Paar richtige Fußballschuhe besitzen die wenigsten. Im Zweifelsfall sind es diejenigen, die einen älteren Bruder in Europa haben, der Geld heimschickt.

Die Kämpferin

Wir sind auf dem Weg zu Madame Diouf und der von ihr gegründeten Organisation *Contre l'émigration clandestine.* »Heimliche Auswanderung«, so heißt es hier, wenn Männer – es sind fast immer Männer an den Küsten Senegals – Afrika auf Fischerbooten Richtung Europa verlassen.

Thiaroye sur Mer schaffte es in den Landesnachrichten früher nur selten in die Schlagzeilen. Durch den Exodus von Tausenden, der von dieser Küste aus seinen Anfang nahm, wurde der Ort berühmt. Das ist nicht zuletzt Madame Yayi Bayam Diouf zu verdanken, einer überaus tatkräftigen, eloquenten Einundfünfzigjährigen. Sie hat einen hohen Preis für diese Bekanntheit bezahlt.

In ihrem kleinen Büro kündet ein einzelnes Foto von ihrem Schicksal. Man erkennt einen jungen lachenden Mann. Es ist Alioune Mar, ihr einziger Sohn, ein gut aussehender, kräftiger Sechsundzwanzigjähriger. Zusammen mit Freunden feiert er seinen Abschied. Eine Nacht Ende März 2006, nur Stunden bevor er im Morgengrauen Thiaroye sur Mer verlassen wird, um in Europa ein neues Leben zu beginnen. Er will genügend Geld verdienen, um später zurückzukehren. Er träumt davon, seiner Mutter und sich ein Haus zu bauen, er will ein, zwei Pirogen – so heißen die langen Holzboote, die die Fischer hier benutzen – kaufen, er will der Mutter Geld geben, damit sie ihr eigenes kleines Geschäft aufmachen kann. Mit einem für unser Verständnis bescheidenen Vermögen will er ein ruhiges und angesehenes Leben in seiner

Heimat führen. Dann wird es keinen Grund mehr geben, ein zweites Mal nach Europa zu gehen.

Zwei, drei Jahre – höchstens fünf, eben so lange, bis das Geld für Senegal reicht – soll sein Leben in der Fremde währen, keinen Tag länger. Denn Thiaroye ist sein Zuhause, dort lebt seine Familie. Madame Diouf erzählt – scheinbar ruhig – von den Plänen ihres Sohnes, die auch ihre waren. Um ihm einen Platz auf dem knapp zwölf Meter langen Fischerboot für die Überfahrt nach Europa zu sichern, verkaufte sie sogar ihren Hochzeitsschmuck. Etwa elfhundert Dollar kostet die Überfahrt, das entspricht ungefähr acht Monatseinkommen der örtlichen Fischer.

Und so haben wir uns die Überfahrt vorzustellen: Mindestens einhundert Flüchtlinge, auf Holzbänken und auf dem Boden eng aneinanderkauernd; sie tragen alles, was sie mit sich führen, am Körper. Wasser und Brot sind an Bord, sonst werden sie auf der fünftägigen Reise nichts zu sich nehmen. Diejenigen, die seekrank werden, geben das wenige, was sie gegessen haben, wieder von sich. Ihre Notdurft verrichten die Männer vor den Augen der anderen, je nachdem, wie der Wind steht, back- oder steuerbords. Geschlafen wird im Sitzen, angelehnt an den Nachbarn, der wie man selbst durchnässt, ausgekühlt und geschwächt ist. Für die Überfahrt haben die Passagiere alles zu Geld gemacht, was sie besitzen. Denn am Ende wartet das Versprechen auf ein besseres Leben, das sie sich in Europa erarbeiten wollen. Alioune Mar hätte den Platz im Boot ohne die Summe, die er von seiner Mutter bekommen hat, nicht bezahlen können. Er will erst zurückkehren, wenn er genügend Geld verdient, um die gemeinsamen Träume von Mutter und Sohn Wirklichkeit werden zu lassen. Doch Alioune Mar wird Europa nie erreichen.

Zusammen mit neunundsiebzig anderen Männern steigt er in jener Nacht im März 2006 ins Boot. Die Faustregel ist, dass sich die Männer zwei bis drei Wochen nach ihrer Abfahrt telefonisch melden, meist aus Spanien, wenn sie bereits eine Arbeit gefunden haben. Und in der Tat meldet sich nach zwei Wochen ein junger Mann bei Madame Diouf. Aber es ist nicht Alioune Mar. Es ist ein Freund, der selbst nicht an Bord war, aber von anderen erfahren hat, dass Alioune Mars Boot sein Ziel nicht erreicht hat. Vor den Kanarischen Inseln sei das Boot gekentert, die achtzig Männer wahrscheinlich ertrunken, ihre Leichen habe man nicht gefunden.

Wie Madame Diouf erging es vielen Frauen in Thiaroye sur Mer. In den Wochen nach der missglückten Flucht ihres Sohnes kenterten zwei weitere Boote auf ihrem Weg nach Europa. Insgesamt starben zweihundertneun Männer, alle aus Thiaroye. Für Madame Diouf waren die Unfälle ein Signal, dass sich etwas ändern musste. Diese Änderung – davon war sie überzeugt – konnte nur von den Frauen, den Müttern, kommen: »All die jungen Männer, unsere verlorenen Söhne, sie kamen sämtlich aus Thiaroye sur Mer, ja sogar aus derselben Nachbarschaft. Wir sagten uns: Das muss aufhören! Und das, was passiert war, gab uns letztlich die Kraft, uns zusammenzuschließen.«

Madame Diouf ergriff die Initiative und gründete die Organisation gegen die heimliche Emigration. Mehr als vierhundert Frauen gehören ihr heute an. Sie setzen sich dafür ein, dass in Thiaroye Arbeitsplätze geschaffen werden, damit junge Männer in ihrer Heimat genügend verdienen können, um für die Familie zu sorgen, und kein Grund mehr besteht, nach Europa zu emigrieren. Nach einigen Mühen konnte sie auch in Europa Spenden für ihre Arbeit auftreiben, denn dort sah man schnell ein, dass ihr Ansatz zur Bekämpfung der illegalen Migration der einzig sinnvolle ist.

Doch das ist alles leichter gesagt als getan. Viele Männer sind schlecht ausgebildet und haben keinen Beruf gelernt. Und selbst auf diejenigen, die eine Schule besucht haben, wartet kein sicherer Arbeitsplatz: Fast neunzig Prozent der Schulabgänger finden keinen Job.

Doch es gibt auch in Senegal Menschen, die zu den Gewinnern der Globalisierung gehören und sich vieles leisten können. Das zeigt ein Bummel über Dakars Märkte und Einkaufsstraßen. Man findet in den Auslagen alles, was das Herz begehrt: iPods, Laptops, HD-Bildschirme, Computerspiele, Nintendo-Konsolen. Dass darunter vieles aus chinesischen Fälscherwerkstätten stammt, stört niemanden.

STOP
X
à
l'émigration
NP-10C

MINISTERE DES INFRASTRUCTURES
DE L'EQUIPEMENT DES TRANSPORTS
TERRESTRES ET DES TRANSPORTS
MARITIMES INTERIEURS
MAITRE D'OUVRAGE
CONSEIL EXECUTIF DES
TRANSPORTS URBAINS DE DAKAR
CETUD
MAITRE D'OUVRAGE DELEGUE
AGENCE AUTONOME
DES TRAVAUX ROUTIERS
ENTREPRISE

Der Unterschied zwischen Arm und Reich vergrößert sich ständig, und mit der wachsenden Zahl ungeduldiger Jugendlicher tickt in Senegal – wie in vielen anderen afrikanischen Staaten auch – eine soziale Zeitbombe. Welche Gefahr von einer großen Menge unzufriedener junger Männer ohne Perspektive ausgehen kann, haben die Beispiele Afghanistans, Iraks und Marokkos gezeigt.

Schon aus diesem Grund kann es uns nicht gleichgültig sein, was in Thiaroye sur Mer geschieht. Außerdem ist Thiaroye sur Mer kein Einzelfall. In Hunderten afrikanischen Städten und Dörfern geschieht das Gleiche.

Henning Mankell und die Armut

Für Henning Mankell ist die Antwort auf die Frage, wie wir Europäer uns zur Armut verhalten sollen, ganz klar.

»*Als Erstes müssen wir einsehen, dass es auf dem afrikanischen Kontinent eigentlich nur ein einziges Problem gibt. Und das ist eben die Armut. Ich kenne kein anderes Problem, das nicht direkt mit der Armut zusammenhinge, sei es der Analphabetismus, die Aids-Epidemie, die mangelnde Gesundheitsversorgung, die Kinder vollkommen unnötig an Malaria sterben lässt, oder die Arbeitslosigkeit; das alles hat direkt oder indirekt mit der Armut zu tun. Zum Zweiten müssen wir lernen, besser auf die Menschen zu hören, denen wir helfen wollen. Bei den Europäern hat es lange eine Art Arroganz der Unwissenheit gegeben. Wir sind mit Lösungen nach Afrika gekommen, statt Fragen zu stellen, oder, besser noch, statt Hilfestellung zu geben bei der Formulierung der Fragen danach, wie die großen Armutsprobleme gelöst werden können. Wir reden, aber wir haben die Fähigkeit verloren zuzuhören. Drittens müssen wir einsehen, dass der Hintergrund dieser Armut in hohem Maße durch die koloniale Vorgeschichte bedingt ist. Unsere Verantwortung dafür, dass so viele Länder in Afrika verarmt sind, ist groß.*«

Für Henning Mankell ist es daher völlig selbstverständlich, dass eine der Maßnahmen sein muss, den Afrikanern den Absatz ihrer Produkte auf den Weltmärkten zu erleichtern. Solange wir fortfahren, beispielsweise unsere Landwirtschaft mit enormen Beträgen zu subventionieren, wird Afrika nie

auf einem gemeinsamen und gerechten Markt konkurrieren können. Und dieses Problem scheint immer gravierender, seine Lösung immer schwieriger zu werden.

»Heute erleben wir, dass reiche Länder des Westens große Landstriche in armen afrikanischen Ländern aufkaufen oder pachten. Dort werden Nahrungsmittel produziert und anschließend nach Europa exportiert, während die im Land lebenden Menschen vor den Zäunen stehen und mit hungrigen Mägen zuschauen. Ich glaube, wir nähern uns einer Situation, da in Afrika südlich der Sahara eine zweite Generation von Revolutionen ausbrechen wird. In der ersten großen Veränderungswelle, die über Afrika ging, erkämpften sich die ehemaligen Kolonien ihre politische Freiheit. Aber noch immer liegt ihre wirtschaftliche Freiheit in den Händen anderer. Erst wenn dieser Konflikt entschieden ist, können wir von wirklicher Freiheit sprechen!«

Die Landwirtschaft ist nur ein Beispiel dafür, wie wir, der Westen, mit Afrika umgehen.

Auch den Fischern in Senegal wurde von der Politik der Europäischen Union das Genick gebrochen. Ein Fischereiabkommen zwischen der EU und Senegal gestattete es den Europäern bis Juli 2006 – aufgrund der Proteste senegalesischer Fischer hat die Regierung das Abkommen nicht neu unter-

zeichnet –, vor den Küsten des westafrikanischen Landes industriellen Massenfischfang zu betreiben. Das führte zu einer drastischen Reduzierung des Kabeljaubestandes, der Tausende Senegalesen ihrer Existenzgrundlage beraubte. Ganze Fischerdörfer sind heute wie ausgestorben. Auf der Suche nach alternativen Einkommensquellen vermieten die Fischer ihre Boote an Menschenschmuggler, die damit Flüchtlinge nach Europa brachten.

Senegal, das früher mit seinen wirtschaftlichen Möglichkeiten für viele Afrikaner ein Ziel der Einwanderung war, ist zum Armenhaus geworden. Trotz verschärfter Patrouillen erreichten 2007 rund zwölftausend Flüchtlinge, davon ein Großteil Senegalesen, die Kanarischen Inseln, den südlichsten Punkt Spaniens. Spanien ist auch das Land, von wo aus die meisten Flüchtlinge in ihre afrikanische Heimat abgeschoben und die meisten Toten aus dem Meer geborgen wurden. Auf dem Weg nach Spanien ertranken 2007, so schätzt man, mindestens dreieinhalbtausend Flüchtlinge aus Westafrika. Weitere Tausende ertranken im Mittelmeer.

Es sind nicht die ärmsten, schwächsten oder faulsten Afrikaner, die den Weg nach Europa wählen, im Gegenteil. Es sind die Wagemutigsten, Jüngsten, Kräftigsten und am besten Ausgebildeten, die sich mithilfe ihrer Familien einen Platz in einem Flüchtlingsboot kaufen. Meist junge Männer, die schon vorher in Berührung mit Europa kamen, sei es durch Schule oder Fernsehen, Freunde oder Rückkehrer. Die meisten Flüchtlinge kommen aus den Städten, nur wenige stammen aus Dörfern der Sahelzone mit ihrer traditionellen Subsistenzwirtschaft.

Nur eine Minderheit macht sich direkt auf den Weg nach Europa. Die meisten – Schätzungen von Experten belaufen sich auf fünfundsiebzig Prozent aller afrikanischen Flüchtlinge – suchen ihr Glück in den Metropolen des Kontinents. In Lagos, Dakar, Nairobi, Kampala oder Johannesburg finden sie Arbeit, häufig im informellen Sektor.

In deren Vorstädten wachsen kaum regierbare Slums, die in Krisenzeiten schnell zu Schlachtfeldern werden, wenn Politiker die ethnischen Gruppen gegeneinander ausspielen. So geschah es in Kenia zur Jahreswende 2007/08 und in Südafrika im Mai/Juni 2008, als junge Slumbewohner Jagd auf Immigranten aus Simbabwe und Mosambik machten und es zu Kämpfen mit mehr als fünfzig Toten kam. Wie fragil die Lage in vielen Ländern Afrikas ist, davon erhalten wir während unseres Aufenthaltes in Senegal einen Eindruck.

Nahrungskrise in Dakar

Während unserer Dreharbeiten in Dakar kommt es zu Demonstrationen gegen die gestiegenen Lebensmittelpreise, die einheimischen Zeitungen berichten täglich auf der ersten Seite darüber. Die Preise für Mais, Getreide und Brot sind fast um das Doppelte gestiegen. Das erste Mal seit langer Zeit können sich viele Menschen nicht genug zu essen kaufen. Die Regierung sieht sich außerstande einzugreifen, denn auch ihr fehlen die Geldreserven. Es klingt abgedroschen, stimmt aber: Die zornigen Menschen in Dakar sind Opfer der Globalisierung. Nicht allein die Spekulation an den Börsen ist an der Lebensmittelkrise schuld, sondern auch die Steigerung der Energie- und Transportkosten, die zunehmende Nutzung von Agrarflächen für die Erzeugung von Biosprit, die Liberalisierung des Agrarmarkts sowie nicht zuletzt die steigende Nachfrage aus Ländern mit einer neuen Mittelklasse wie Russland, China, Indien und Brasilien.

TOTAL
PERSONNEL
Boutique
Lavage
Entretien
7/7 24h24

Die Menschen Afrikas leiden dabei besonders: 2005 hatten südlich der Sahara 380 Millionen Menschen weniger als 1,25 Dollar zur Verfügung.

Die Proteste zeigen: Wie in anderen afrikanischen Großstädten sind auch die Bewohner Dakars nicht länger bereit, die ständig sich verschlechternden Lebensbedingungen hinzunehmen. Noch bleibt es bei unblutig verlaufenden Protesten. Und mehr junge Menschen werden ihr Glück jenseits des Meeres, in Europa, suchen.

Kein Wunder, wenn man bedenkt, dass ein Senegalese, der am italienischen Badestrand Sonnenbrillen an Touristen verkauft, mit seinem Verdienst zu Hause eine Großfamilie ernähren kann.

Und wer sich einmal für den Weg nach Europa entschieden hat, dem bleibt danach keine Wahl mehr: Sämtliche Ersparnisse sind für den Platz im Flüchtlingsboot ausgegeben. Misslingt die Flucht, leidet die ganze Familie noch größere Armut als vorher. Der Gescheiterte wird alles daransetzen, es ein zweites Mal zu versuchen. Auch wenn das bedeutet, sich hoch zu verschulden und sich dem Gläubiger zu verpflichten, von den späteren Einkünften einen Großteil an ihn abzutreten.

Für Henning Mankell ist dies modernes Sklaventum. In seinen Augen begeben sich die afrikanischen Migranten auf der Suche nach einem besseren

Leben in sklavenähnliche Zustände, denn auch in Europa – wenn sie es denn schaffen – erwartet sie als Illegale eine menschenunwürdige Existenz.

Nicht die rechtliche Situation macht sie zu Sklaven, niemand zwingt sie letztlich in ihre missliche Lage. Aber die Arbeitsumstände ähneln nicht nur nach Mankells Auffassung denen von Sklaven. Deshalb sind für ihn heute die Kanarischen Inseln oder auch die italienische Insel Lampedusa, wo besonders viele Flüchtlingsboote anlanden, der Mittelpunkt Europas. Denn hier zeige sich, so sagt er, ob wir zur Menschlichkeit fähig und bereit seien, für unsere Fehler Verantwortung zu übernehmen.

Den Afrikanern die Schuld an ihrem Schicksal zu geben sei falsch und geradezu grotesk. Auch wenn es natürlich Afrikaner gebe, die kräftig an der Misere ihrer Landsleute verdienen, wie Henning Mankell einräumt.

So wie der Menschenschmuggler Babakar Niang, den Mankell und wir am Strand von Thiaroye sur Mer kennenlernen. Er erzählt uns vom Kreislauf von Flucht und Scheitern. Und davon, warum er es sich eines Tages anders überlegt hat.

Der Menschenschmuggler

Als wir Babakar Niang zum ersten Mal begegnen, sehen wir ihm sofort an, dass er »es geschafft« hat. Der Schädel kahl rasiert, die Augen von einer Sonnenbrille mit Designer-Schriftzug am Bügel verdeckt, der athletische Oberkörper in ein schickes Hemd gehüllt und schließlich das I-Tüpfelchen: saubere helle Lederschuhe an einem Ort, wo die meisten schon froh über ein Paar Gummilatschen sind.

Er ist Anfang vierzig, sein genaues Alter möchte er uns nicht nennen. Seine ruhige Sprechweise in einem für uns schwer verständlichen Französisch, durchsetzt mit Wörtern der einheimischen Sprache Wolof, lässt ihn souverän und gelassen wirken. Trotz seiner düsteren Vergangenheit scheut er sich nicht, uns freimütig davon zu berichten: von seinem früheren Leben, seinem »anderen Leben«, wie er selbst es nennt, fast als wäre es gar nicht er, der für dieses Leben verantwortlich ist.

Wir treffen uns im kleinen Hinterhof von Madame Dioufs Organisation. Es ist zwölf Uhr mittags, die Mütter der verlorenen Söhne sitzen im Schatten zusammen und putzen die Muscheln, die ihnen Babakar Niang gebracht hat. Denn heute ist er wieder das, was er früher war: Fischer.

Angefangen hat der Teil seiner Geschichte, der uns interessiert, vor einigen Jahren, im Jahr 2004. Arbeitslos, ohne große Hoffnung auf einen guten Job, tauchten er und seine Brüder gelegentlich nach Muscheln oder gingen fischen. Das reichte kaum für das Allernötigste. Wann und warum Babakar beschloss, dass ihm das Leben mehr bieten müsse, wird aus seiner Erzählung nicht ganz klar. Da seien Leute aus Toba, einer Stadt in Zentralsenegal, an ihn und seine Freunde herangetreten und hätten ihn gebeten, ihnen bei der Flucht zu helfen. Man habe eingewilligt, nicht aus Nächstenliebe – das wird deutlich –, sondern weil alle das Geld gut gebrauchen konnten. Babakar sagt, es sei für einen guten Zweck gewesen: Sie hätten in Thiaroye einen Abwasserkanal und neue Wasserstellen bauen wollen. Aber wir bezweifeln, dass die Motive nur selbstloser Art waren. Jedenfalls war der erste Versuch, Menschen zur Flucht nach Europa zu verhelfen, offenbar so lukrativ, dass Babakar und seine Freunde vom Muscheltauchen und Fischen abließen.

Für Henning Mankell lässt Babakars Geschichte viele Fragen offen.

»Babakar macht den Eindruck eines freundlichen Mannes. Aber er gab mir nie eine Antwort auf meine wichtigste Frage, die ich die ganze Zeit wiederholte: Warum bist du ein Menschenschmuggler geworden? Aber sein Schweigen oder sein Unwille, die Frage zu beantworten, waren natürlich auch eine Antwort. Es genügt, wenn wir uns unsere eigene Geschichte in Erinnerung rufen. Vor einhundertfünfzig Jahren und bis weit ins 20. Jahrhundert hinein emigrierten Millionen armer Europäer, aus Schweden ebenso wie aus Deutschland. Sie emigrierten vor allem in die Vereinigten Staaten und nach Kanada, aber auch nach Australien und Südamerika: Aus Verzweiflung, auf der Suche nach einem besseren Leben.

Um zu überleben. Der Unterschied zwischen diesen Menschen und denen, die sich in Babakars Boot setzen, ist sehr gering.«

Henning Mankell möchte mehr über das Geschäft erfahren, das mit den Unglücklichen gemacht wird. Denn das erst schafft die Umstände, denen Tausende zum Opfer fallen. Er fragt Babakar Niang, warum er den Flüchtlingen geholfen habe, die Reise sei doch lebensgefährlich. Der ehemalige Menschenschmuggler stimmt ihm zu, gibt aber zu bedenken, dass den Leuten hier ein gewisser Fatalismus eigen sei, der vom islamischen Glauben herrühre. »Die Senegalesen glauben, dass du, wenn du sterben sollst, auch sterben wirst, und dass du leben sollst, wenn du überlebst. Dein Schicksal ist festgeschrieben, du kannst es nicht ändern. Stirbst du, dann war es so vorherbestimmt.«

Nachdem er anderen bei der Flucht geholfen hat, versucht er selbst sein Glück. Zwei seiner Brüder und er machen sich in verschiedenen Booten auf die Reise. »Wir hatten unsere Freunde gesehen, wie sie nach Jahren aus Europa zurückkehrten. Sie bauten sich schöne Häuser und fuhren tolle Autos. Das wollten wir auch. Das Leben hier ist hart, wir fischen den ganzen Tag, das ist alles. Deshalb setzten wir alles daran, es einmal besser zu haben«, erzählt er.

Die beiden Brüder erreichen sicher Spanien, wo sie heute noch leben und arbeiten. Babakar Niang selbst aber scheitert dreimal bei dem Versuch, Europas Küsten zu erreichen. Zu stürmisch die See, zu schlecht das Wetter: Der erste Fluchtversuch endet schon in der nahe gelegenen Küstenstadt Nouadhibou in Mauretanien, er muss umkehren. Der zweite Versuch schlägt ebenfalls fehl. Bei seinem dritten Versuch schafft er es fast, wie er uns erzählt, aber kurz vor der marokkanischen Grenze sind die Wellen wiederum so hoch, dass das Boot beinahe kentert. Sie müssen beidrehen und umkehren.

Einen weiteren Versuch wagt Babakar nicht mehr. Aber er steigt in das Geschäft mit der Sehnsucht ein. In den nächsten zwei Jahren bringt er mit seiner Bande um die achthundert Menschen – genau kann er sich nicht erinnern – nach Europa. Es sind exakt 1424 Kilometer von Thiaroye sur Mer zu den Kanarischen Inseln, die Fahrt dauert unter günstigen Umständen fünf Tage. Jeder bezahlt rund fünfhunderttausend Franc CFA, umgerechnet etwa sie-

benhundertsechzig Euro. Bei achthundert ergibt sich so die stolze Summe von 611 200 Euro, die er und seine Kollegen »verdienten«. Selbst nach Abzug aller Kosten für Schiffsbesatzungen und Schmiergelder blieb ihm genug für ein angenehmes Leben, für senegalesische Verhältnisse war er nun reich.

Das durchschnittliche Einkommen eines Senegalesen beträgt der offiziellen staatlichen Statistik zufolge gerade zwei Dollar am Tag.

Babakar Niang zeigt uns mit Stolz sein Haus, stellt uns seine Frau vor, seine Kinder. Sie sind gut gekleidet, es gibt reichlich zu essen, und in einem Nebengebäude, seinem Refugium mit einem einzigen Raum, steht ein mächtiges Bett mit einem großen Fernseher und einer teuren Stereoanlage. Und er besitzt ein Auto. Doch auch die Schattenseite des Geschäfts hat er am eigenen Leib erfahren: Zwei weitere Brüder, die nach der erfolgreichen Flucht der Älteren ebenfalls einen Versuch wagten, ertranken. Babakar Niang erinnert sich, dass ihn ungute Gefühle überkamen, als der erwartete Anruf aus Europa nach den üblichen zwei bis drei Wochen Wartezeit ausblieb.

An diesem Punkt seiner Geschichte kreuzen sich Babakar Niangs Weg und der von Madame Diouf. Sie hat zu diesem Zeitpunkt, es ist Ende 2007, längst ihre Organisation aufgebaut, und ihr Einfluss in Thiaroye sur Mer wird immer größer. Viele Menschenschmuggler fürchten sie, denn sie kennt keine

Gnade. Sie tut etwas, was Afrikanerinnen normalerweise nicht wagen: Sie stellt sich gegen die Männer ihres Viertels, gegen jene, die mit Menschenschmuggel und Fluchthilfe ihr Geld verdienen. Männer wie Babakar Niang. Madame Diouf lässt ihnen nur eine Wahl: Entweder sie hören auf, oder sie meldet ihre Namen der Polizei. Aufgrund von Madame Dioufs Hinweisen werden mehrere Schleuser festgenommen und zu Gefängnisstrafen verurteilt. Wer je ein afrikanisches Gefängnis von innen gesehen hat, weiß, dass diese Männer ihr skrupelloses Geschäft teuer bezahlt haben.

Babakar Niang erzählt Henning Mankell seine Geschichte unter einem überdachten Platz am Strand von Thiaroye sur Mer. Schnell hat sich eine Menge Leute um die beiden herum versammelt. Sie hören aufmerksam zu, nicken hier und da, wiegen den Kopf, als ob sie die Ereignisse, von denen der ehemalige Menschenschmuggler erzählt, noch einmal in Gedanken erleben, so, wie sie damals geschahen. Die Offenheit, mit der Babakar Niang berichtet, und das beifällige Nicken der Umstehenden lassen ihn in unserer Achtung steigen, und wir nehmen an, dass er im Großen und Ganzen alles so erzählt, wie es gewesen ist. Da Babakar Niang ein mit Wolof durchsetztes Französisch spricht, verstehen ihn alle Zuhörer, und keiner lässt auch nur ein einziges Mal durchblicken – durch ein Auflachen etwa oder ein missge-

NIAN

stimmtes Brummen –, dass es anders gewesen sein könnte, als er sagt. Eine solche Wandlung vom Saulus zum Paulus nehmen wir in der westlichen Welt nur den wenigsten ab. Weil wir zu wissen glauben, dass sich kaum jemand wirklich verändern kann? Was, wenn wir uns täuschen, wenn unser Schwarz-Weiß-Denken falsch ist?

Folgen wir daher Babakar Niang, der uns versichert, dass er aufgrund des Todes seiner zwei Brüder zu dem Entschluss gekommen sei, das Geschäft mit den Flüchtlingen an den Nagel zu hängen. Auch wenn, und das betont er immer wieder, auf den von ihm gecharterten Booten keiner umgekommen ist. Madame Diouf, die ihn bereits im Visier hatte, gibt ihm eine letzte Chance: Er soll zu seinem früheren Beruf als Fischer zurückkehren und mithilfe ihrer Organisation Muscheln verkaufen.

Babakar Niang erkennt, dass dieses Angebot ihm und seinen Freunden die Möglichkeit eröffnet, auf legale Weise Geld zu verdienen. Er nimmt an und profitiert bis heute davon. Madame Diouf ebenfalls, denn mit ihm hat sie einen einflussreichen Mann für ihre Sache gewonnen. Aufgrund seiner Stellung ist er darüber informiert, was an den Stränden vor sich geht. Und wer immer Madame Diouf kennengelernt hat, weiß, dass ihr mutiger Schritt gegen einen der mächtigsten Männer von Thiaroye sur Mer sorgfältig geplant war. Zu viel stand auf dem Spiel. Ihr war klar: Wenn sie Babakar Niang von ihrem Weg überzeugen könnte, dann hätte sie den Kampf – zumindest in dieser Vorstadt – fast gewonnen.

Wann immer Babakar Niang heute von einem Plan zur Flucht erfährt, lässt er es seine »Chefin« wissen. Sie schickt ein paar Frauen aus ihrer Organisation zu der betroffenen Familie, die sich Mühe geben, sie und die zur Flucht bereiten Söhne im Gespräch von der Gefahr und Aussichtslosigkeit ihres Unterfangens zu überzeugen und ihnen Alternativen aufzuzeigen. Fast immer, so berichten Madame Diouf und Babakar Niang übereinstimmend, sind ihre Bemühungen erfolgreich, und seit sie zusammenarbeiten, seien keine Pirogen mit Flüchtlingen mehr von Thiaroye sur Mer aus ins Meer gestochen.

Dazu hat auch beigetragen, dass sich ein islamischer Gelehrter vor kurzer Zeit öffentlich auf Einladung Madame Dioufs gegen die Flucht nach Europa ausgesprochen hat. Er sagte den eingeschüchterten Einwohnern des Viertels, dass allein schon das Betreten eines Flüchtlingsboots schlimmer wäre als Selbstmord – laut dem Koran eine der größten Sünden überhaupt. All dies, so versichert uns Babakar Niang, habe dazu geführt, dass Thiaroye sur Mer als Ausgangspunkt für die Flucht nach Europa bedeutungslos geworden sei.

Ob das stimmt, können wir nicht mit hundertprozentiger Sicherheit überprüfen. Aber während unserer Dreharbeiten in Thiaroye sur Mer, die mehrere Tage und Nächte andauern, entdecken wir nichts, was auf Fluchtvorbereitungen hindeutet.

Dabei spielt natürlich auch die Präsenz der europäischen Küstenwache Frontex vor der senegalesischen Küste eine Rolle, das leugnet niemand. Seit die Europäer selbst die Küsten überwachen und alles daransetzen, die Boote möglichst früh zu entdecken, um die Flüchtlinge in ihre Heimatländer zurückzubringen, bevor sie internationale Gewässer erreichen, hat sich das Geschäft mit den Flüchtlingen verlagert. Die Boote wagen nun von weiter im Norden die Überfahrt, von Mauretanien aus, im Nordosten von Tunesien und Libyen aus, oder im Süden von Guinea-Bissau aus. Das hat den Fluchtweg nach Europa teilweise länger gemacht – und damit auch gefährlicher.

Thiaroye sur Mer, das jahrelang durch seine Erwähnung in großen Zeitungen traurige Berühmtheit erlangte, ist aus den Schlagzeilen verschwunden. Und das ist gut so, lacht Madame Diouf.

Die Zukunft

Doch das, was heute gut ist, kann sich morgen schon wieder als Nachteil offenbaren. Dann nämlich, wenn Organisationen wie die von Madame Diouf keine Unterstützungsgelder mehr aus Europa bekommen, da man dort glaubt, das Flüchtlingsproblem sei hier behoben. Die effizient eingesetzten Gelder, die Madame Diouf aus Spanien und von der EU erhielt, haben dazu beigetragen, in Thiaroye sur Mer Arbeitsplätze zu schaffen und vielen ein zwar nur bescheidenes, dafür aber regelmäßiges Auskommen zu ermöglichen. Sollte diese Unterstützung ausbleiben, werden sich die jungen Männer erneut in Massen auf den Weg nach Norden machen.

Ergänzt werden muss die Hilfe durch eine Regelung in Europa, die jenen, die sich durch nichts von der Auswanderung aufhalten lassen, eine Perspektive gibt, das heißt eine Aufenthaltserlaubnis und eine zeitlich beschränkte Arbeitserlaubnis.

Es gibt viele Thiaroye sur Mer in Afrika. Nur dass in den meisten anderen dieser für uns namenlosen Orte keine starke Frau wie Madame Diouf und kein bekehrter Menschenschmuggler wie Babakar Niang leben, die junge Männer von der Flucht zurückhalten und ihnen darüber hinaus eine Möglichkeit eröffnen, ihr Auskommen zu finden. Die Geschichte von Thiaroye sur Mer verliert daher nicht an Aktualität. Sie ist gültig, solange sie irgendwo in Afrika erzählt wird und bis wir ein akzeptables Ende für sie finden.

Nicht zuletzt deshalb, weil wir vielleicht diese Menschen irgendwann stärker brauchen werden als sie uns, meint Henning Mankell:

»Wenn wir heute über die Kanarischen Inseln oder die kleine Insel Lampedusa südlich von Italien sprechen, wo die Leichen afrikanischer Flüchtlinge Morgen für Morgen an die Strände gespült werden, müssen wir uns fragen: Ist dies das Europa, das wir wollen? Europa selbst wurde von Immigranten und Emigranten gestaltet, und so wird es auch in Zukunft sein. Und wer soll im überalterten Europa die ganze anstehende Arbeit übernehmen, wenn nicht die, die ihr Leben in Babakars Boot riskieren?«

Dakar in Aufruhr

Einst haben Afrikaner alles getan, um der Verschiffung nach Europa oder in noch fernere Länder zu entgehen. Damals kamen sie nicht freiwillig zu uns. Damals wurden sie von unseren und ihren eigenen Vorfahren gejagt, missbraucht, versklavt, verschleppt, getötet. Zu Hunderttausenden, zu Millionen. Welch eine schöne Ironie der Geschichte wäre es, wenn wir in naher Zukunft zum ersten Mal mit Afrika einen gemeinsamen Weg finden könnten, die Emigration nach Europa in beiderseitigem Einvernehmen zu regeln.

Von Thiaroye sur Mer nach Dakar, in die Hauptstadt Senegals. Dakar ist keine schöne Stadt, überlaufen und an vielen Stellen schmutzig, verwahrlost.

Markt ist überall. Aus ganz Westafrika kommen Menschen hierher, um ihr Glück zu machen. Wer eine weiße Hautfarbe hat, für den wird das Gehen entlang Dakars Straßen zum Spießrutenlauf. Dutzende Straßenverkäufer bieten alles Mögliche an, von der gefälschten Rolex bis zum selbst gemixten Chanel-Parfüm. Die Stimmung ist aggressiv, die Verkäufer lassen sich kaum zurückweisen. Die Menschen sind zerrissen, wie uns Sadibou Marone erzählt, unser lokaler Producer, der uns die ganze Zeit über in Senegal begleitet. Zerrissen zwischen Afrika und Europa, Träger zweier Seelen sozusagen, da sie in beiden Welten zu Hause sind, in Afrika mehr, in Europa weniger, aber genug, um zu wissen, dass sie so leben wollen wie wir. Und Geld ist ihrer Meinung nach das einzige Mittel dazu, egal wie es beschafft wird.

Als wir mit Henning Mankell auf den Sandanga-Markt in die alte Innenstadt gehen, werden wir bestürmt. Und obwohl wir eine staatliche Drehgenehmigung besitzen, die in den meisten anderen afrikanischen Ländern – die Obrigkeit wird nach wie vor gefürchtet – sofort für Ruhe und Ordnung sorgen würde, können wir nicht in Ruhe arbeiten. Immer wieder stellen sich junge Männer vor die Kamera und beschimpfen uns, manche werden fast handgreiflich. Die Stimmung droht zu eskalieren. Wir suchen nach dem Chef des Marktes, und als wir endlich den Mann mit dem Namen des Pro-

pheten Mohammed finden und uns auf einen Preis für seinen Schutz einigen, geht alles viel friedlicher vonstatten. Dieselben jungen Männer, die uns vorher beschimpft haben, sind jetzt unsere Freunde, die uns vor anderen aufdringlichen jungen Männern beschützen. Dafür haben wir nun allerdings ein Problem mit Sadibou, unserem Freund und Producer. Er ist ungehalten über seine Landsleute, beschimpft sie nun seinerseits, gibt seiner Verachtung und Verzweiflung über ihre Bestechlichkeit und Verlogenheit Ausdruck. Sadibou gehört zu der wachsenden Schicht junger, gut ausgebildeter Afrikaner, die ihr Land nicht verlassen, sondern verändern wollen. Sie sind die Hoffnung Afrikas.

Sadibou ist auch böse auf uns, zu Recht, wie wir später einsehen. Aber wir sind in einer Zwangslage: Der nach unseren Maßstäben geringe Betrag, den wir als Bestechung oder sagen wir euphemistisch: für die »Drehgenehmigung« auf dem Markt zahlen, ist wenig im Verhältnis zu der Zeit, die wir verlieren, wenn wir uns auf eine Auseinandersetzung einlassen, die wir nur mithilfe der Polizei gewinnen könnten. Das würde uns Stunden kosten, wenn nicht Tage. So unterstützen wir aber die Korruption. Sie beginnt auf der untersten Ebene und nicht erst dort, wo Minister über Millioneninvestitionen entscheiden. Würden wir – und andere Weiße – nicht immer gleich zahlen,

hätte der Kampf gegen Korruption vielleicht eine bessere Chance. Sadibous Wut auf seine Landsleute und auf uns deuten wir daher als Zeichen der Hoffnung für Afrikas Zukunft.

Henning Mankell erzählt uns, dass es seiner Meinung nach vor allem zwei legale Möglichkeiten für einen Afrikaner gibt, seinen Kontinent hinter sich zu lassen und viel Geld zu machen: als Musiker und Sänger oder als Fußballer.

»Europa betrachtet Afrika immer noch als Rohstofflieferanten. Daran hat sich seit den Tagen der Kolonisation im Grunde nichts geändert. Auch einen jungen Fußballer kann man, wenn man zynisch ist, als eine Art Rohstoff betrachten. Aber wir sollten dabei nicht vergessen, dass viele afrikanische Ärzte in Europa arbeiten. Und uns fragen, ob sie hier arbeiten würden, wenn die Länder, aus denen sie kommen, ihnen einen angemessenen Lohn zahlen könnten. Wieder stoßen wir auf den Kernpunkt: die Armut. Sicherlich sind diese Ärzte nicht zu kritisieren. Sie versuchen nur, zu einem anständigen Lohn zu arbeiten; vielleicht sind viele von ihnen nach ihrem Studium hoch verschuldet. Aber wirklich übel sieht es aus, wenn man weiß, dass aus manchen afrikanischen Ländern die Krankenschwestern nach Europa geholt werden, und zwar so viele, dass einzelne Länder in Europa ihre Schwesternausbildung drosseln, weil es billiger ist, die Frauen in einem afrikani-

schen Land ausbilden zu lassen und sich dann die fertig ausgebildete Krankenschwester zu holen. Hinter all den Fußballspielern und Musikern verbirgt sich noch so viel anderes, das die postkoloniale Schuld gegenüber Afrika vermehrt.«

Tatsächlich sehen wir auf den Straßen Dakars viele Musiker, die mit großer Begeisterung spielen und singen oder um die Wette rappen. Und abends, wenn die Temperaturen ein wenig abgekühlt und die meisten Geschäfte geschlossen sind, gleicht ganz Dakar einem riesigen Sportfeld. Überall, an jeder Ecke, auf jeder Straße, auf jedem Platz wird Sport getrieben. Meist Fußball, aber auch Jogging, Gymnastik und Gewichtheben. Es sind Tausende Menschen, und wir schauen ihnen fasziniert zu. Auf unserer ganzen Reise durch Afrika werden wir Ähnliches nicht mehr zu sehen bekommen. Jeder Einzelne trägt die Hoffnung in sich, es zu schaffen, sich ein besseres Leben aufzubauen. Diese Dynamik, diesen Glauben an sich selbst spürt man heute in vielen afrikanischen Städten, auch wenn sie in unseren Augen schmutzig und wenig anziehend aussehen. Das Selbstbewusstsein beweist, dass die meisten Afrikaner die über Jahrhunderte eingeimpfte Ansicht, minderwertig zu sein, weil schwarz geboren, längst hinter sich gelassen haben.

Und gleich einem Mahnmal für sie, aber auch für uns, nie zu vergessen, dass die Hautfarbe keine Rolle spielen darf, wenn es um Träume, Hoffnun-

gen und Chancen geht, liegt eine kleine Insel, nur wenige Minuten mit der Fähre von Dakar entfernt. Auf dieser Insel wurde einst alles zerstört, was Menschlichkeit ausmacht, die nicht zu ihrem kleinsten Teil aus Träumen und Hoffnungen besteht.

Gorée *oder* Die Tür ohne Wiederkehr

»Auch wenn der Himmel aus Papier wäre und der Ozean aus Tinte, wäre ich nicht in der Lage, die ganze Brutalität des Sklavenhandels aufzuzeichnen.«
Willem Bosman, *Reise nach Guinea*, 1708

Die Bootsfahrt zu dem nur vier Kilometer entfernten Gorée ist kurz, keine fünfzehn Minuten. Doch der Weg, den man in Wahrheit zurücklegt, ist einige Jahrhunderte lang. Eine Reise, zurück in eine Zeit, in der Brutalität und Menschenverachtung noch ungehinderter ausgelebt werden konnten als heute. Wovon jetzt allerdings nichts mehr zu sehen ist, zumindest nicht auf den ersten Blick.

Bei der Ankunft im kleinen Hafen von Gorée sind wir überrascht, dass es hier so anders aussieht als in Dakar. Gepflegt, klein, von nur knapp tausend Menschen bewohnt. Gute Luft, Autos sind nicht erlaubt, hübsche Häuser. Am kleinen Strand tollen Kinder von Einheimischen und Touristen herum, dahinter liegt ein schönes, frisch renoviertes Hotel. Alle Gebäude sind im typischen Kolonialstil erbaut, mit hellen Farben, in einem etwas ausgewaschenen Rostrot, Ocker und Gelb gestrichen. Die Dächer waren früher meist mit Schilfgras gedeckt, bevor sie flachen Dächern mit roten Ziegeln wichen, auf deren Terrassen man heute sonnenbaden oder das Meer beobachten kann, wenn die Sonne untergeht. Alte, schattige Bäume und gelb und violett blühende Bougainvillea-Hecken vervollständigen das schöne Bild. Eine Idylle mit einer alten Kirche in der Mitte des Städtchens. Gorée könnte ein Paradies sein, wenn da nicht seine Geschichte wäre.

1444 von den Portugiesen entdeckt, war das kleine Eiland – es misst gerade mal 900 auf 300 Meter – zunächst Zwischenstation auf Fahrten um die Südspitze Afrikas herum nach Indien und wurde auf den Namen Palma getauft. Berühmte Seefahrer und Entdecker wie Fernando Po, Vasco da Gama, Francis Xavier, Luís de Camões und viele andere legten hier an auf ihren langen Reisen. Aufgrund seines unfruchtbaren Bodens und seiner winzigen Fläche blieb die Insel lange Zeit unbewohnt, selbst die Portugiesen nutzten bald lieber das nahe gelegene Festland. Doch erlaubten sie englischen, niederländischen und französischen Händlern, ihre Boote dort auszubessern, sodass sie bald als die »Insel der langen Boote« unter Seefahrern bekannt wurde.

1536 änderte sich dies mit einem Schlag, als die erste Schiffsfracht mit Sklaven von hier aus nach Europa in See stach. Von da an war die Insel für die Einheimischen der Ort, von dem Menschen in eine unbekannte Ferne verschickt wurden und nicht wiederkehrten. Mit dem Ende der portugiesischen Vorherrschaft auf den Weltmeeren übernahmen 1588 die Niederländer das Eiland. Sie benannten es neu: *Goede Reede*, »Guter Ankerplatz«. Daraus wurde später, als die Franzosen auf die Holländer folgten, der Name Gorée. Unter diesem Namen wurde die Insel zum Symbol für die Gefangennahme und Verschleppung der afrikanischen Völker und ihre brutale Ausbeutung in Amerika.

Von 1536 bis 1848, als der Sklavenhandel verboten wurde, wurden nach neueren Schätzungen zwölf bis zwanzig Millionen Menschen an westafrikanischen Küsten auf Sklavenschiffe verladen. Sechs Millionen starben bereits auf der Überfahrt in ihre neue »Heimat«. Ein zynisch betriebener Handel mit Arbeitskräften für das westliche Wirtschaftssystem. Wie viele dieser Sklaven über Gorée verschickt wurden oder dort umkamen, ist umstritten.

Henning Mankell hat sich lange mit der Sklaventragödie beschäftigt. Er lässt keinen Zweifel an der Schuld der Weißen bei diesem Handel, die im Tausch gegen Spirituosen, Waffen, Stoffe, Glasperlen und sonstigem in Europa hergestelltem Tand Sklaven, Gold und Elfenbein aus Afrika importierten. Seit der Kolonisation Amerikas war der Mensch die weitaus wichtigste Handelsware – für beide Seiten. Der Schriftsteller legt den Finger in die Wunde, wenn er betont, dass der Sklavenhandel in diesem Ausmaß nur möglich war, weil Afrikaner selbst dabei mitmachten. Lokale Machthaber trieben die Sklaven, vornehmlich Kriegsgefangene, an die Küste und verkauften sie dort an europäische Sklavenhändler. Doch gab es schon Sklavenhandel in Afrika, lange bevor Europäer ihn im großen Stil betrieben. Seit dem Mittelalter verkauften arabische Sklavenhändler schwarze Sklaven in den Maghreb, und die westafrikanischen Großreiche gründeten ihre Macht auf Sklavenhandel und Sklavenarbeit. Waren die Sklaven islamischen Glaubens, erging es ihnen dort meist besser als später unter christlichen Herren. So durften sie heiraten, Familien gründen, ihre Kinder wuchsen zusammen mit denen der Herren auf, manchmal sogar unter einem Dach. Gefangene konnten sich durch bestimmte Verdienste zu »Freigelassenen« hochdienen.

Als von Gorée aus immer mehr Menschen nach Übersee abtransportiert wurden, brach für die Sklaverei eine neue, blutigere Epoche an.

Auf der Insel steht heute nur noch ein einziges Haus, dessen ursprüngliche Form eines ehemaligen Sklavenhauses erhalten ist. Alle anderen hat man umgebaut oder abgerissen.

Unser Weg dorthin führt vorbei am Sklavendenkmal. Ein schwarzes Paar, der Mann aufrecht stehend, reckt beide Arme in die Luft und zerreißt die Ketten, die Frau kniet vor ihm und dankt ihm für ihre Freiheit. Wenige Meter dahinter der Eingang zur *Maison des esclaves*, dem Sklavenhaus, das nur durch eine schwere Holztür betreten werden kann. Als wir dort sind, an einem Montag, ist es für Touristen geschlossen, sodass wir den Ort in seiner unverfälschten Wirkung erleben. Das Haus hat zehn ebenerdige Räume, in denen Sklaven, sortiert nach Alter und Geschlecht, untergebracht waren. Im Stockwerk darüber liegen die Räume ihrer Besitzer, über zwei mächtige Treppen, die in einem Bogen nach oben führen, zu erreichen. Eloi Coly, der Direktor des Sklavenhauses, führt uns durch das Museum und erklärt die Bedeutung der verschiedenen Räume.

Wenn die Sklaven in Ketten und nach ihrer Herkunft geordnet ankamen, wurden sie im ersten Raum gewogen. Die meisten waren von dem oftmals Hunderte Kilometer langen Weg erschöpft und schafften es nur mit letzter

Kraft hierher. Fieberkrankheiten und Durchfälle hatten unterwegs zahllose Gefangene hinweggerafft. Männer mussten bei ihrer Ankunft das Minimalgewicht von sechzig Kilogramm auf die Waage bringen. War das nicht der Fall, wurden sie gemästet mit einem speziell angerührten, äußerst kalorienreichen Brei.

Jeder Gruppe eilte der Ruf bestimmter Eigenschaften voraus: So galten die Menschen aus dem Hinterland als vortreffliche und ausdauernde Arbeiter, die Frauen der Wolof aus Senegal, Gambia und Mauretanien als schön und grazil, die Männer der Yoruba (die meisten kamen aus Nigeria) als sexuell besonders potent und somit prädestiniert, auf den Überseeplantagen die Fortpflanzung der Sklaven zu sichern.

Besonders gespenstisch wirkt die Erzählung von Eloi Coly, weil alle Räume leer sind. Eine einzige nackte Glühbirne erleuchtet jeden der dunklen Räume. Sonst dringen nur einige Sonnenstrahlen durch die spärlichen Fenster. Wenn Coly schweigt, herrscht absolute Stille.

Der zweite Raum für die *jeunes hommes*, die jungen Männer, ist 2,60 mal 2,60 Meter groß. Hier saßen zwanzig Männer dicht an dicht, mit angezogenen Beinen und an Händen und Füßen angekettet. Einmal am Tag durften sie draußen ihre Notdurft verrichten, sonst mussten sie eine Ecke des Raums benutzen. Kein Wunder, dass die große Choleraepidemie im Jahr 1779, die Hunderte auf der ganzen Insel tötete und auch vor den weißen Herren nicht haltmachte, hier ihren Ausgang nahm. So erklärt der Direktor Raum für Raum, jeder hat seine eigene Geschichte. Der Raum der *jeunes filles*, der jungen Mädchen, war der einzige Raum, aus dem so etwas wie ein Entkommen möglich war. Doch um welchen Preis …

Nur wenn die zwölf- bis sechzehnjährigen Mädchen von einem ihrer weißen Herren schwanger wurden, durften sie das Sklavenhaus verlassen und ihr Kind zur Welt bringen. Wie oft das geschah, ist nicht überliefert. Schräg gegenüber dieses Raums, auf der Rückseite der nach oben führenden Treppe, ist ein niedriges Loch in den Beton geschlagen, das man nur kriechend besichtigen kann. Dort war die Zelle für Sklaven, die sich nicht fügten, sondern aufbegehrten. Unbestimmte Zeit mussten die Widerspenstigen hier ausharren.

MINISTERE DE LA CULTURE
MAISON
DES
ESCLAVES

Als Nelson Mandela 1991, ein Jahr nach seiner eigenen Freilassung, das Sklavenhaus auf Gorée besuchte, kauerte er in diesem Loch. Mit stark geröteten Augen kam er einige Minuten später wieder heraus.

Diejenigen Sklaven, die der Aufenthalt in der Strafzelle nicht zu brechen vermochte, wurden oftmals auf grausame Art und Weise umgebracht. So sollten sie ihren Leidensgenossen als abschreckendes Beispiel dienen. Sie wurden mit einer Schlinge erhängt, die man ihnen nicht um den Hals,

sondern um den Oberkörper legte. Sie zog sich immer fester um den Brustkorb, bis dem Unglücklichen schließlich das Atmen unmöglich wurde. Die Qualen, bevor der Tod eintrat, dauerten manchmal Stunden. Nicht einmal begraben wurden die Toten, sondern hinter dem Sklavenhaus ins Meer geworfen.

Kranke Sklaven warf man ins Wasser, wo sie entweder ertranken oder von Haien getötet wurden.

Papst Johannes Paul II. entschuldigte sich 1992 nach der Führung durch das Sklavenhaus für den Menschenhandel. Er bat um Vergebung für alle, die daran beteiligt waren. Ausdrücklich bezog er die katholischen Missionare in sein Schuldbekenntnis ein, weil sie den Sklavenhandel zu lange akzeptiert hatten. Sie hielten in der Kirche von Gorée Gottesdienste ab, in denen sie jeden Sonntag den Sklavenhändlern Segen und Absolution erteilten.

Wir sind im letzten Raum angelangt, vielleicht zwei Meter breit und zehn Meter lang. Dies war das letzte Stück afrikanischen Bodens, auf dem die Sklaven vor ihrer Verschiffung standen. Als einziger von allen Räumen besitzt dieser zwei Türen: Ein- und Ausgang. Aber der Ausgang war eben kein Ausweg, er führte nicht in die Freiheit, sondern auf das Schiff und somit in die lebenslängliche Unfreiheit.

Es könnte kaum ein stärkeres Symbol als diese Tür geben. Über diese Tür ohne Wiederkehr sagt Henning Mankell:

»Das Sklavenhaus auf Gorée, der kleinen Insel unweit von Dakar, ist das außergewöhnlichste und angsteinflössendste Museum, das ich je besucht habe. Da gibt es nichts außer Leere, Schweigen und ein hämmerndes Echo der Stimmen all derjenigen, die einst Afrika als Sklaven verließen und nie mehr wiederkehrten.

Doch was ich sage, ist nicht die völlige Wahrheit. Da gibt es etwas Einmaliges in dem leeren Verlies: eine blaue Tür, nahe an der See. Genau hier wurden ganze Familien auseinandergerissen: der Vater vielleicht nach Louisiana verschickt, die Mutter nach Kuba, der Sohn, die Tochter … nur Gott weiß, wohin.

Durch diese Tür gingen diejenigen, die gezwungen wurden, vieles vom Reichtum des Westens aufzubauen.

Heute ist das einstige Sklavenhaus das, was es sein muss: ein Museum der Trauer, des Schweigens und des Zorns.«

Bevor die Sklaven durch die »Tür ohne Wiederkehr« gingen, brandmarkte man sie mit einem glühenden Eisen mit dem Zeichen desjenigen Landes, in das sie verschleppt werden sollten. Jenseits der »Tür ohne Wiederkehr« stiegen sie über einen Holzsteg in die wartenden Boote, die wegen des Gerölls an der Küste nicht näher heranfahren konnten.

Familien wurden für immer auseinandergerissen, ihre alten Namen hörten sie nie mehr. Die waren den Herren in der Neuen Welt und in Europa zu

kompliziert, und sie erhielten neue, amerikanische, französische oder portugiesische Namen, je nachdem, wohin sie geliefert wurden.

Sie wurden Zuckerrohrschneider, Baumwoll- und Tabakpflüger, mussten in den Minen arbeiten oder als Hausdiener. Frauen wurden nicht selten zu Konkubinen ihrer weißen Herren.

Wie viele Sklaven durch die »Tür ohne Wiederkehr« auf Gorée gingen, ist umstritten. Sprach man früher von mehreren Millionen, halten einige Historiker diese Zahl für viel zu hoch gegriffen. Andere zweifeln an der Verwendung der Tür als letzter Etappe vor der Verladung. Die Schiffe hätten nicht nahe genug heranfahren können, und ob es wirklich einen Steg für Zubringerboote gegeben habe, sei fraglich. Und in dem Sklavenhaus hätten keine Menschenhändler, sondern ein französischer Marinearzt, Jean Pepin, gelebt. Dass im Untergeschoss Sklaven gehalten wurden, sei richtig, aber wie viele es gewesen seien, darüber könne man streiten.

Höchstens dreihundert Sklaven jährlich habe man aufgrund der begrenzten Räumlichkeiten hier umschlagen können, insgesamt also höchstens hunderttausend Sklaven in der Zeit von 1536 bis 1848.

Diese Diskussion ist nicht abgeschlossen. Wie sich die vorgetragenen Einwände mit vor einigen Jahren aufgefundenen Originaldokumenten vertragen, die belegen, dass allein im französischen Hafen Nantes von 1763 bis 1775 mit mehr als hundertdreitausend Sklaven aus Gorée gehandelt wurde, wird unter Historikern noch zu klären sein.

Ein Ort, der Symbol ist für eines der größten Verbrechen der Menschheit – diese Rolle wird niemand Gorée streitig machen. Sicher, es gab weitere große Umschlagplätze für Sklaven in Benin, Ghana, Gambia und Marokko, aber das Sklavenhaus von Gorée ist zum Sinnbild für alle Afrikaner geworden, die in die Sklaverei gezwungen wurden. So ist es eigentlich auch unerheblich, welche Zahlen die Führer am Ende den Besuchern nennen.

Als wir Gorée mit der Fähre in Richtung Dakar verlassen, vorbei an den Pirogen der Fischer, drängt sich uns allen der Vergleich zwischen dem Sklavenhandel vergangener Zeiten und der Flucht von Zehntausenden heute nach Europa auf. Henning Mankell sagt: »*Wenn man durch Städte wie beispielsweise London, Liverpool oder Brüssel geht und all die großen Gebäude be-*

trachtet, die die Straßen säumen, dann weiß man, dass diese Gebäude oft mit dem Blut und der Arbeit von Sklaven erkauft wurden. Die Geschichte der Sklaverei hängt uns immer noch an. Aber das wollen wir nicht wissen. Wir wollen vergessen. Wir erinnern uns kaum noch an die mutigen Missionare, Politiker und einfachen Menschen, die von Europa aus die Sklaverei bekämpften und welche Widerstände sich ihnen entgegenstellten. Aber sie ließen nicht locker. Sie wussten: drückt man nur einem Sklaven das Brandzeichen auf, drückt man es der ganzen Menschheit auf. Natürlich kann niemand heute berechnen, wie hoch die Kosten der Sklaverei wären, wenn man nun all diesen Generationen von Sklaven, die in der Unfreiheit starben, etwas zurückzahlen wollte. Dies ist eine der großen Rechnungen der Menschheit, die nie beglichen werden wird.«

Die Designerin *oder* Das Fest der Farben

Neben den Menschen, die Senegal als Sklaven verlassen mussten, und jenen, die heute ihr Heimatland um alles in der Welt verlassen wollen, steht die große Mehrheit von Senegalesen, die dableiben und im besten Fall, wenn sie selbst erfolgreich sind, sogar etwas für die Entwicklung ihres Landes tun. So wie Yayi Ndir, eine junge, erfolgreiche Designerin, deren Stern am Modehimmel Dakars aufgeht. Sie wohnt und arbeitet in einem schönen weißen Haus im Vorort Ouest Foire, eine halbe Stunde vom Stadtzentrum entfernt. Dort wohnen all die, sagt Yayi Ndir zu uns, die klein anfangen mussten und es irgendwann geschafft haben. Schon bei der Anfahrt hören wir das Geräusch ratternder Nähmaschinen und laute westafrikanische Hip-Hop-Musik. Neben einem kleinen Laden, in dem sie Unikate ihrer afrikanischen Kleider in starken Gelb-, Grün- und Blautönen verkauft, befinden sich auch Werkstätten im Haus. In der einen lernen Frauen, aus Perlen, Ketten und Ringen Schmuck und Accessoires zu gestalten, in der anderen lernen junge Männer, Kleider nach den Schnittmustern Yayi Ndirs zu nähen.

In dem kleinen Geschäft kümmert sich Yayi Ndir gerade um eine Kundin. Sie reicht ihr einen grünen Rock mit einem grünen Oberteil, auf dem sich die senkrecht fallenden hellgrünen Längsstreifen wie Sonnenstrahlen ausneh-

men. In der Mitte des weit ausgeschnittenen Oberteils findet sich eine Sonne, ein Symbol für Afrika, wie Yayi Ndir erklärt. Die Farben und die Kleider stehen der Kundin ausgezeichnet, gerade die Sonne, die mit kleinen Schmucksteinen besetzt ist, hat es ihr angetan. Mit keiner Silbe wird über den gewagten Ausschnitt und den eng anliegenden Rock gesprochen, der die Figur der Kundin stark betont. Senegal ist zwar ein von Muslimen geprägtes Land, doch der Einfluss der auch hier existierenden radikalen Islamisten ist noch gering. Sonst könnten Designer wie Yayi Ndir gar nicht existieren, und keiner würde für sie arbeiten.

So aber sehen junge Frauen und Männer eine Ausbildung in ihrer Werkstatt als große Chance. Die Frauen, keine älter als zweiundzwanzig Jahre, arbeiten in Fünfer- und Sechsergruppen zusammen. Sie lernen den Umgang mit verschiedenen Materialien, nähen kleine Accessoires an fertige Kleider oder studieren afrikanische Muster und die vielen verschiedenen Schnittmöglichkeiten. Die jungen Frauen sind ausnahmslos elegante Erscheinungen, und im Raum hängt der Duft von Parfüm. Yayi Ndir nimmt sich immer wieder Zeit, »ihren« Mädchen, wie sie sagt, Details genau zu erklären.

Als wir Yayi Ndir zum ersten Mal trafen, fiel uns sofort auf, wie schüchtern sie ist. Mit ihren dreiunddreißig Jahren hat sie sichtlich Schwierigkeiten damit, im Mittelpunkt des Interesses zu stehen, lieber spricht sie über ihre Arbeit als über sich. Und so erfahren wir nur nach und nach, was sie bewegt und wie sie sich ihr Leben vorstellt. Mit ihrer Mähne aus Rastafari-Locken und ihrem strahlend blauen, selbst entworfenem Kleid mit den Perlen im tiefen Ausschnitt können wir sie uns auch gut in einem New Yorker Szenelokal vorstellen. Und in der Tat lässt sie sich auf Anraten ihres um einige Jahre älteren Mannes regelmäßig vom Lifestyle der Weltstadt anregen. Zwei bis vier Monate verbringt sie jedes Jahr in den USA, jobbt als Friseurin und Verkäuferin und saugt alles in sich auf, was mit Mode zu tun hat, erzählt sie uns jetzt lebhaft. Zurück im Senegal, verarbeitet sie dann ihre Eindrücke in neuen Kreationen. Denn bis heute bringt sie sich alles selbst bei: Schnitte, Muster und die Verarbeitung von Stoffen.

Dabei folgt sie ihrem großen Vorbild Oumou Sy, der berühmtesten Designerin Afrikas, die in der Medina, einem Stadtviertel Dakars, ihre Werkstatt hat. Und so wie Oumou Sy, die auf der ganzen Welt große Erfolge feiert, hat sich Yayi Ndir entschieden, ihre Heimat Senegal nicht zu verlassen. Dabei habe es ihr in New York gut gefallen und sie hätte sogar die Möglichkeit gehabt, dort zu bleiben und zu arbeiten, vertraut sie uns an. Aber sie sei halt keine Amerikanerin. »*Je suis africaine*, ich bin Afrikanerin«, sagt sie nicht ohne Stolz, und deshalb gehöre sie hierher. Sie wolle unbedingt in ihrer Heimat etwas voranbringen. Hier lebten Menschen, denen sie helfen könne. Sie benutzt das Wort Familie, und wir sind mittlerweile lange genug in Afrika, um zu verstehen, dass sie damit nicht nur die nächsten Angehörigen, sondern auch die Cousins und Cousinen, die Onkel und Tanten dritten und vierten Grades und selbst enge Nachbarn und Freunde meint. Sie hält nichts von der Flucht ins Ausland, verurteilt aber ihre Landsleute nicht, die diesen Weg gehen. Die würden es ja aus Verzweiflung tun und nicht, weil sie das große Geld machen wollten. Um aber dazu beizutragen, dass ihnen nicht immer mehr Menschen folgen, bildet sie in ihren Werkstätten um die zwanzig junge Frauen und rund ein Dutzend junge Männer aus. Nach abgeschlossener Ausbildung sollen sie die Möglichkeit haben, entweder weiter bei ihr zu arbeiten oder selbst ein eigenes kleines Modelabel zu gründen. Das schaffe dann wiederum Arbeitsplätze für andere. Im besten Fall könnten so einige Hundert Menschen Arbeit finden und darüber hinaus die Tradition in Afrika erhalten werden, eigene Kleidung herzustellen. So wie es in der Vergangenheit üblich war, einheimische Pflanzen zu spinnen und zu weben. Wie beispielsweise den Alleskönner Flachs, *linum usitatissimum*, wörtlich übersetzt »äußerst nützlicher Lein«, aus dem neben Fasern und Getreide auch Öl gewonnen wird. Die ideale Pflanze für Afrika.

Deshalb benutzt die junge Designerin mit Vorliebe Flachs, Leinen und Seide. Auch wenn immer mehr chinesische und europäische Billigprodukte die einheimischen Textilien vom Markt verdrängen. Noch nie haben wir so

viele weiße T-Shirts mit schwarz-rot-goldenen Streifen, der Nummer »13« und dem Namenszug »Ballack« gesehen wie in Senegal.

Jedes Kleidungsstück, das Yayi Ndir kreiert, ist hingegen ein Unikat. Nur Nähmaschinen kommen zum Einsatz, der Rest ist Handarbeit. Tausendfache Vervielfältigung eines Kleides gibt es nicht und soll es nach dem Willen der Designerin auch nicht geben. Sie lebt gut von ihren selbst entworfenen Kleidern, die ihren Preis haben. Billig sind sie nicht, die einfachsten starten bei

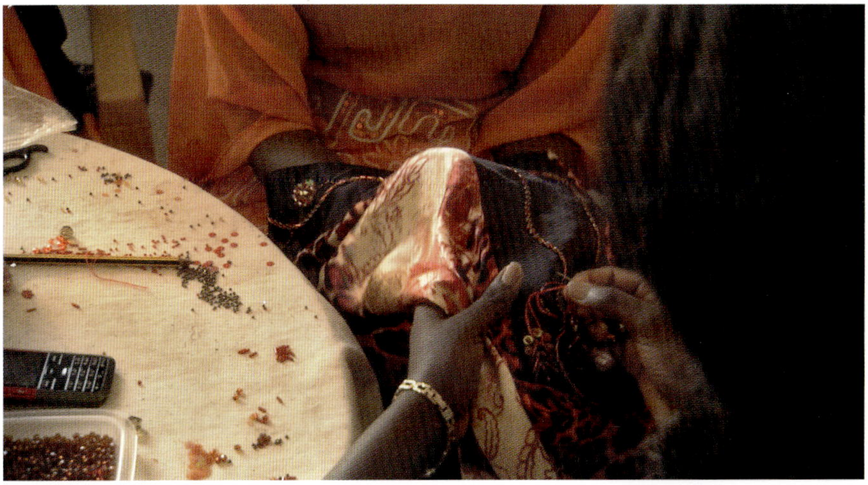

fünfundzwanzigtausend CFA (umgerechnet rund vierzig Euro), nach oben ist die Grenze offen. Einem Insiderkreis wurden ihre Kreationen 2007 bekannt, als sie für den Schönheitswettbewerb Miss Ecowas (die Schönste aus sechzehn Ländern, die sich in der Westafrikanischen Wirtschaftsgemeinschaft zusammengeschlossen haben) Teile der Ausstattung beisteuerte. Seitdem gilt Yayi Ndir als *rising star* der Modewelt Dakars, und das will schon etwas heißen bei geschätzten dreitausend Modemachern in Senegal.

Yayi Ndir ist zwar ihr Talent in die Wiege gelegt worden, doch ihr Lebensweg war nicht von Geburt an vorherbestimmt. Geboren in Thies, siebzig Kilometer von Dakar entfernt, wuchs sie in einer Mittelstandsfamilie auf dem Land auf. Sie konnte sich glücklich schätzen, eine Schule zu besuchen. Doch ihre geheime Liebe galt immer der Mode. Mit dreizehn, so erzählt sie, fing sie an, Modelle zu zeichnen und ihre ersten Kleider – eine einfache Kombination aus Oberteil und Rock – zu entwerfen, Kostüme zu skizzieren oder mit leichten Stoffen zu nähen. Sie hörte früh von Oumou Sy, der großen Designerin, die heute aus der Modewelt nicht mehr wegzudenken ist, aber erst sehr spät im Leben lesen und schreiben gelernt hat. Die als Autodidaktin ihren Weg ganz nach oben geht. Yayi Ndir bewundert Oumou Sys Eleganz, traditionelle afrikanische Stoffe mit westlichen Elementen zu kombinieren. Und von Oumou Sy hat Yayi Ndir auch die Idee übernommen, junge Designerinnen und Designer auszubilden, die dann später in ihren Dörfern selbständig arbeiten können. Auch wenn sie noch lange nicht so weit ist wie Oumou Sy, die ein eigenes Atelier – das *Leydi* – für junge Nachwuchskräfte eröffnet hat, möchte sie doch deren Erfolgsgeschichte kopieren. Oumou Sy würde es freuen, so etwas zu hören, denn genau das ist ihr Ziel: jungen Frauen – und Männern – Ausbildung und Perspektive zu geben, damit sie in Senegal bleiben und nicht die gefahrvolle Flucht übers Wasser wagen. »Afrika«, sagt Yayi Ndir, »*est dans le coeur*, lebt in deinem Herzen, und als Afrikaner kannst du nur zu Hause wirklich glücklich sein. Keiner sollte daher gezwungen sein, seine Heimat zu verlassen, nur um überleben zu können.« Als wir Yayi Ndir nach ihrem Traum fragen, antwortet sie ohne Zögern, dass sie ihren Weg weitergehen, größer und bekannter werden möchte. Denn Kleider seien wie Gemälde: Sie erstrahlten erst in vollem Glanz, wenn andere, wenn viele sie sehen könnten. Doch dann fügt sie genauso entschlossen an, ihr Wunsch ist es, dass es ihren Mitarbeitern gut gehe, sie eine Arbeit und ihr Glück finden – und das alles hier in ihrer Heimat, in Senegal.

Als wir Yayi Ndir und Senegal verlassen, haben wir Hoffnung geschöpft. Dass es auch in diesem Land, das in den vergangenen Jahren für seine Flüchtlingsströme berühmt wurde, Chancen auf Arbeit gibt. Und dass auch andere ebenso wie die Designerin Yayi Ndir oder die zielbewusste Madame Diouf

daran arbeiten, ihren Landsleuten eine Perspektive auf ein Leben in Würde zu eröffnen.

Wir machen uns auf den Weg nach Uganda, genau 5717 Kilometer nach Osten, nicht nur in eine andere Zeit-, sondern auch in eine andere Entwicklungszone. Zum Vergleich: Von Lissabon im Süden nach Helsinki im Norden Europas sind es gerade einmal 3362 Kilometer, und wer eine solche Reise unternimmt, erfährt, wie unterschiedlich die Europäer und wie verschieden ihre Kulturen sind. Nicht anders ist es in Afrika. Deshalb gibt es nicht ein Afrika, über das bei uns so oft gesprochen wird, sondern dreiundfünfzig Staaten mit insgesamt rund zweitausend Sprachen, Ausdruck einer großen Vielfalt historisch gewachsener Kulturen.

So gehen in Uganda die Uhren ein wenig langsamer als im hektischen Westafrika, sind die Menschen geduldiger, und der Widerspruch zwischen Schönheit und Grausamkeit ist noch augenfälliger.

Gründung: 1812
Politische Abhängigkeit: Großbritannien bis 1962
Gesamtfläche: 241 000 km²
Hauptstadt: Kampala
Einwohner: 31 Millionen
Durchschnittsalter: 15
Fertilität: 6,7
Lebenserwartung: 51 Jahre
Ärzte je 100 000 Einwohner: 8
HIV-infizierte Erwachsene (15–49 Jahre): 5,4 Prozent
Analphabeten (Bevölkerung über 14 Jahre): 33,2 Prozent
Amtssprachen: Englisch, Suaheli
Überwiegende Religionsgruppe: Christen
BIP je Einwohner: 1454 US-Dollar

UGANDA

Murchison-Park *oder* Das Schöne und das Schreckliche liegen oft nah beieinander

»Ich hatte eine Farm in Afrika« – so beginnt der Film *Jenseits von Afrika*. Meryl Streeps brüchige Synchronstimme erzählt die Geschichte der dänischen Baronin Karen Blixen, die kurz vor Ausbruch des Ersten Weltkriegs nach Kenia kommt, um eine Kaffeeplantage zu leiten, und dort ihre große, tragisch endende Liebe erlebt.

Mit Hollywoods ganzer Wucht hat man die Sehnsucht nach Afrika in unsere Herzen eingebrannt, den Älteren von uns hat bereits *Serengeti darf nicht sterben*, der Film des Frankfurter Zoologen Bernhard Grzimek, Tränen der Rührung in die Augen getrieben. Niedliche Tierbabys, die endlose Weite der Serengeti, khakifarbene Anzüge und Safaris im zebragestreiften Landrover, abends Feuer in der Savanne, ein freundlicher »Boy« serviert das Essen …

Oder gibt es etwas, was ohnehin tief in uns existiert und als Sehnsucht nach Afrika umrissen werden kann? Weil wir eben vor langer Zeit aus Afrika gekommen und alle Afrikaner sind, wie es beispielsweise Henning Mankell sein Leben lang fühlte, der deshalb hier, in Afrika, seine innere Heimat gefunden hat.

Als wir unser erstes Quartier in Uganda, die Paraa Lodge im Murchison Falls Park, erreichen, scheint es, als würden unsere Klischeevorstellungen Wirklichkeit.

Freundliche schwarze Diener bringen unser Gepäck in geschmackvoll eingerichtete Zimmer. Über dem Bett ist ein riesiges zeltartiges Moskitonetz aufgespannt. Die Möbel, aus schweren afrikanischen Hölzern handgefertigt, wirken antik, an den Wänden hängen Schwarz-Weiß-Fotografien von der Großwildjagd, alte Stiche von berühmten Ereignissen in Afrika und eine Porträtzeichnung des englischen Forschers David Livingstone – der allerdings nie hier war. Die Hitze wird von schlichten hellen Baumwollvorhängen draußen gehalten, ein Ventilator brummt vor sich hin. Einen Fernseher gibt es nicht, das Kino spielt sich draußen ab.

Jedes Zimmer besitzt einen kleinen Balkon, alle mit Blick auf den Weißen Nil, der den Park in zwei Hälften teilt. Am türkisfarbenen Swimmingpool weist ein Schild darauf hin, dass auch hier die Gesetze des Buschs gelten: »Denken Sie immer daran: Hier leben wilde Tiere, die wirklich wild sind!« Eine Warnung vor allem vor den Flusspferden, deren Schnauben und Prusten wir von der Lodge aus hören und die sich gelegentlich in den Pool verirren. Nicht umsonst heißt *Paraa* in Luo, der Sprache der Einheimischen, »der Platz, an dem sich die Flusspferde treffen«. Flusspferde können sehr aggressiv werden und Leute angreifen. Sie töten mehr Menschen in Afrika als jedes andere Säugetier.

Noch am Tag unserer Ankunft treffen wir fünfhundert Meter von der Lodge entfernt, unten an der Anlegestelle des Weißen Nil, die beiden Wildhüter David Onguti und Francis Oyoo, der Mzee genannt wird.

In der Sprache der Luo bedeutet *Mzee* »alter Mann«. Francis Oyoo ist vierundsechzig Jahre alt und wird schon seit Langem so genannt. Seine aktive Zeit als Park Ranger, als Wildhüter, hat er hinter sich, nun fährt er Besucher auf dem Weißen Nil spazieren und erzählt ihnen von Menschen und Tieren und wie es hier früher war. Dreißig Jahre lang hat er das Leben in der Wildnis miterlebt, es waren gute Zeiten, aber häufig herrschte Krieg, was auch am Nationalpark nicht spurlos vorbeiging.

Mzee spricht langsam und bedächtig, er sucht oft nach Worten. Sein jüngerer Kollege David Onguti, der in Kampala, der Hauptstadt Ugandas, studiert hat, ist das genaue Gegenteil: Rasch versteht er, was wir wollen, und macht sofort Anstalten, unsere Wünsche in die Tat umzusetzen. Bisweilen fällt er dem Älteren ins Wort, vollendet dessen Sätze, wenn es ihm nicht schnell genug geht. Mit seinen siebenunddreißig Jahren gehört Onguti zur jungen Generation gebildeter Afrikaner. Er ist pünktlich, gut organisiert, selbstsicher und weiß, worauf es ankommt – kurzum, er bewegt sich sicher im raschen Takt einer globalisierten Welt.

Mzee bittet uns auf ein Boot, das Platz für vierzehn Personen bietet und normalerweise von Touristen gemietet wird. Heute haben wir es für unsere Dreharbeiten gechartert.

Unsere Fahrt auf dem Weißen Nil geht in Richtung Murchison Falls, zu den Wasserfällen, die dem Nationalpark ihren Namen gegeben haben (Samuel Baker, der »Entdecker« der Wasserfälle, war 1864 im Auftrag der Londoner Royal Geographical Society auf der Suche nach den Quellen des Nil unterwegs und benannte die Stromschnellen daher nach dem damaligen Präsidenten der Gesellschaft, Murchison). Zahlreiche Flusspferde sind an beiden Ufern auszumachen. Die meisten lassen nur einen Bruchteil ihrer mächtigen Körper sehen: die winzigen Ohren, die gewaltigen Nüstern oder den blanken dunkelgrauen Rücken. Hin und wieder löst sich ein Krokodil aus den Schlammbänken und taucht mit einem sanften Plätschern in die Fluten.

Die Fahrt zum Katarakt dauert mehr als eine Stunde. Zeit, um Mzees Erzählungen zu lauschen. Die damit beginnen, wie er 1963, als Achtzehnjähri-

ger, in den Park kam. Eine gute Zeit, wie er sagt. Das einzige Problem damals waren Wilderer, die die Tiere erjagten und für ihre oftmals arabischen Auftraggeber Elfenbein erbeuteten. Mit der Herrschaft Idi Amins wurde alles anders. Mzee berichtet, wie sie 1971 mit einem unblutigen Putsch begann, dann aber umso blutiger wurde. Schätzungen sagen, dass bis zu fünfhunderttausend Menschen den Tod fanden – ganze Dörfer wurden niedergemetzelt.

Hier draußen im Busch hörte Mzee zunächst nur vom Ruhm Idi Amins: dass er ugandischer Boxmeister aller Klassen war, ein Bulle von einem Mann mit seinen 1,93 Meter und über hundert Kilogramm Körpergewicht. Vier Frauen und mehr als zwanzig Kinder hatte er. Dann sickerte durch, dass man seines Lebens nicht mehr sicher war, wenn man ihm nicht gehorchte. Mit Vorliebe ließ der Mann, der weder richtig lesen noch schreiben konnte, die Leichen seiner Feinde an die Krokodile verfüttern. Zum Glück, so Mzee, habe er die Toten nicht hier in den Nil geworfen, wo es ebenfalls Krokodile gibt. Mit Amin begann der Krieg in Uganda, der Krieg gegen das eigene Volk. Auch für die Ranger im Park wurde das Leben unter Amins Regime lebensgefährlich.

Die goldene Zeit des Nationalparks war vorbei. Zuvor gehörte der Murchison-Park zu den berühmtesten Nationalparks in ganz Afrika. Sechzigtausend Besucher kamen jedes Jahr und bestaunten die riesigen Elefantenher-

den, die Giraffen und die Raubkatzen. Im Süden des Parks, im Regenwald, waren Schimpansen heimisch. Doch Idi Amin, der Diktator, verbot die Einreise von Touristen, es kamen keine Devisen mehr ins Land, die für die Erhaltung des Parks dringend nötig waren. Das Schlimmste aber waren marodierende Milizen, die aus purer Lust am Töten von fahrenden Autos aus Elefanten und Giraffen abschossen und die Kadaver in der Sonne verwesen ließen. Die Wilderer hatten auf einmal freie Hand und dezimierten den Bestand an Großwild. Mzee, der als Ranger gegen sie vorging, wurde von der Kugel eines Wilderers am Bein getroffen. Lachend zeigt er uns die Narbe und sagt, dass die Kugel immer noch in seinem Körper stecke. Wahrscheinlich sei sie gewandert, aber wohin, weiß er nicht. Nach der Verletzung konnte er nicht mehr schnell genug laufen, um Wilderer im Busch zu verfolgen. Daher übertrug ihm die Parkverwaltung die Bootsfahrten, er wurde sozusagen Kapitän. So sei er gut durch die nächsten Jahre gekommen und habe erlebt, wie der Nationalpark sich langsam erholte, was lange Zeit niemand für möglich gehalten hatte.

Von den zwanzigtausend Elefanten, denen der Murchison-Park vor 1972 eine Heimat war, waren 1979, nach der Vertreibung Amins, noch ganze tausendvierhundert übrig. Hartes Durchgreifen gegen die Wilderer hat den

Bestand inzwischen wieder wachsen lassen, auch deutsche Entwicklungsgelder ermöglichten die Rehabilitierung des Parks.

Immer wieder unterbricht Mzee seine Erzählung und weist uns auf Tiere am Ufer hin. Wir haben Glück und können eine Herde von mehreren Elefanten in nur fünfzig Metern Entfernung beobachten. Vom Fluss aus ist diese Nähe unbedenklich, im Fahrzeug kann es schon kritisch werden. Erst vor einem Jahr wurde ein Wagen mit Touristen von Elefanten angegriffen, ein Mann bei dem Unfall getötet.

Dann sind es nur noch fünfhundert Meter bis zu den Wasserfällen. Näher kann das Boot nicht heranfahren, die starke Strömung würde es gegen die Felsen werfen. Immerhin stürzt der Nil aus zweiundvierzig Meter Höhe den Katarakt herunter; dabei führt er dreihundert Kubikmeter Wasser pro Sekunde mit sich. Mzee und David Onguti bitten uns daher, aus dem Boot auszusteigen und die letzte Etappe zu Fuß zu bewältigen. Henning Mankell fühlt sich der Strapaze nicht gewachsen und will im Boot auf uns warten. Er nutzt die Zeit für ein Gespräch mit Mzee, der ebenfalls unten bleiben möchte – sein Bein mache da nicht mehr mit.

Sie bedauern beide, dass sie sich in ihrem, wie sie es nennen, fortgeschrittenen Alter nicht mehr so viel abverlangen können. In seinem Tagebuch notiert der Schriftsteller:

»Als wir zu den Murchinson-Fällen kamen, geschah etwas, was ich nicht erwartet hatte. Auf jeder Reise, die man macht, verflechten sich viele Dimensionen. Als ich hier bei den Fällen aus dem Boot steigen wollte, den steilen Pfad sah, und gleichzeitig auch wusste, wie weit es bis nach oben war, erkannte ich plötzlich, dass diese Zeit in meinem Leben vorbei war: Ich würde den Aufstieg nicht schaffen. Die Gefahr, dass ich fallen könnte oder ganz einfach aufgeben müsste, war zu groß. Es war ein bitterer Augenblick für mich, als ich einsah, dass das Alter mich eingeholt hatte; es gab Dinge, die ich nicht mehr würde tun können. Ich blieb zusammen mit dem alten Francis, dem Kapitän, im Boot sitzen, und wir unterhielten uns genau darüber, über das Alter eines Menschen. Wir sagten uns, dass dies der Lauf des Lebens ist, gegen den man nicht viel ausrichten kann. Es gibt eine Zeit im Leben, da besteigt man mit Leichtigkeit alle Berge, und eine andere Zeit, da bleibt man am Fuß des Berges zurück.

Francis sagte: ›So ist das Leben. Du musst aufhören, Berge zu besteigen. Aber hier im Boot können wir die schönen Strömungswirbel im Wasser betrachten, die wir sonst nicht gesehen hätten. Das bleibt, solange du nicht blind bist. Und dazu kommt das Geräusch des Wasserfalls, solange du nicht taub bist. Am Ende behältst du die Erinnerungen zurück, sie sind das Letzte, das den Menschen verlässt. Man lebt, um Erinnerungen zu schaffen, man lebt nicht, um zu vergessen …‹

Er hatte natürlich recht. Aber ich muss gestehen, dass ich mir im Innersten wünschte, ich hätte noch zur höchsten Höhe des Wasserfalls hinaufklettern können.«

Wir anderen steigen den schmalen Pfad bergauf, angeführt von David Onguti. Obwohl der Anstieg kaum mehr als eine Stunde dauert, empfinden wir ihn alle als äußerst strapaziös. Hitze, extrem feuchte Luft und vor allem hässliche große Fliegen lassen die Schönheit der Landschaft vorübergehend verblassen. Es sind Tsetsefliegen, die Überträgerinnen der für Menschen und Nutztiere gefährlichen Schlafkrankheit. Ihre nachhaltige Bekämpfung würde die landwirtschaftliche Nutzung vieler fruchtbarer Regionen Afrikas und die Lebensbedingungen der Anrainer verbessern. In letzter Zeit hat sich die Tsetsefliege aber wieder neues Terrain in Ostafrika erobert, nachdem sie schon einmal als so gut wie bezwungen galt.

Oben angekommen, erwartet uns ein Anblick von überwältigender Schönheit. Der Weiße Nil teilt sich in zwei Arme, die in reißenden Stromschnellen auf die Kante des Plateaus zuströmen und in zwei Katarakten in die Tiefe stürzen. In ihrem Sprühnebel glitzert ein Regenbogen, unzählige verschiedenartige Schmetterlinge wirken, als wollten sie mit seinen leuchtenden Farben wetteifern. Das Naturschauspiel macht dem Namen Wang Jok, »Auge Gottes«, den die Einheimischen den Wasserfällen gegeben haben, alle Ehre.

David Onguti erzählt uns eine Geschichte, die von den hier ansässigen Chope überliefert wird. Demnach sind die Chope aus Mischehen zwischen den Acholi und den Banyoro entstanden, die jeweils eine Nilseite besiedelten. Diese Mischehen kamen – so will es die Überlieferung – durch einen lebensgefährlichen Wettstreit zustande: Die heiratsfähigen Mädchen beider Völker stellten sich rechts und links des Stroms auf, unmittelbar dort, wo er sich in den Katarakt ergießt. Die heiratswilligen Männer, die eine der Schönen aus dem jeweils anderen Volk für sich gewinnen wollten, mussten über das tosende Wasser ans gegenüberliegende Ufer springen – sieben Meter entfernt.

Wer es nicht schaffte, ertrank in den Fluten. Er starb als Held, wie David Onguti sagt. Wem es aber gelang, der durfte sich eine Frau aus dem anderen Volk als Gattin erwählen. Aus diesen Mischehen entstanden die Chope, ein

Volk mit eigener, neu gefundener Sprache als Vermischung von Acholi und Banyoro.

Wer, wie wir, am Ufer der Stromschnellen steht, kann sich kaum vorstellen, dass jemand freiwillig bereit ist, auf die andere Seite zu springen! Egal, wie verlockend der Preis ist …

David und Mzee haben sichtlich Freude daran, uns an ihren Geschichten und an ihrem Wissen teilhaben zu lassen. Der Nationalpark ist nicht nur ihr Arbeitsplatz, er ist ihnen zum Lebensinhalt geworden. Sie erklären uns die mythische Bedeutung vieler Tiere, zum Beispiel des Löwen, der wegen seiner Kraft und seines majestätischen Aussehens verehrt wird. Sie berichten uns von einzelnen Völkern – jedes setzt sich aus diversen Klans zusammen –, deren Klans sich jeweils ein Tier als Totem erwählen. Dieses Tier wird verehrt, steht unter absolutem Schutz und repräsentiert die Würde und den Zusammenhalt der Gemeinschaft. Mitglieder eines anderen Klans, der dasselbe Totem hat – denn jedes Tier kann das Totem verschiedener Klans oder sogar Völker sein –, werden zu Familienmitgliedern, und unter Familienmitgliedern darf nicht geheiratet werden. So sorgen die Klans für weitläufige soziale Beziehungen und die Aufrechterhaltung von Frieden durch Familienbande. Die Klans nehmen die Eigenschaften des erwählten Totemtiers für sich selbst in Anspruch: Ist das Totem der Löwe, sieht sich der Klan als kraftvoll und mächtig. Ist es ein Leopard, hält sich der Klan für schlau und schnell. Ist es hingegen die Giraffe, dann werden sowohl Frauen als auch Männer als grazil und schön angesehen. Bei Ereignissen wie Geburt, Tod, Hochzeit oder Initiation ins Mannesalter wird den Totemtieren mit Tänzen gehuldigt. Die Bedeutung von Tieren geht in Afrika weit über das hinaus, was Europäer in ihnen sehen: eine wundervolle Manifestation der Natur. In den Augen eines Klans ist sein eigenes Fortbestehen bedroht, wenn der Bestand seiner Totemtiere dezimiert wird. Folglich ist es den Klanangehörigen verboten, das Totemtier zu erlegen.

Das käme der Ermordung eines Bruders gleich. Weil das Verbot nicht für Totemtiere anderer Klans gilt und das Tabu angesichts der für Felle und Horn zu erzielenden Verkaufspreise an Bedeutung verlor, wurde in der Vergangenheit rücksichtslos gewildert. In den 1960er-Jahren, als internationale Artenschutzabkommen noch nicht existierten, quollen die Souvenirläden in Nairobi, Mombasa und Kampala über von Zebrafellen, Hockern aus Elefantenfüßen, Elfenbeinschmuck, Pythonhäuten, Kroko- und Straußenlederhandtaschen.

Heute wird Wilderei streng bestraft. Außerdem hat der ugandische Staat verfügt, dass ein Fünftel der Einnahmen, die Touristen dem Park bringen, den Anrainern zugutekommt. So liegt es nun im Interesse der lokalen Bevölkerung, den Wildbestand lebendig zu erhalten, denn nur so bringt er ihnen Einnahmen. Darüber hinaus schafft der Park Arbeitsplätze. Im Fall von Murchison profitieren davon vor allem Angehörige der Acholi. Eine Anzahl von ihnen arbeitet als Ranger für den Park, bäuerliche Betriebe verkaufen Gemüse, Fleisch und Obst an die Lodge. Jetzt hoffen die Acholi, dass die Parkverwaltung sie beim Bau sanitärer Anlagen in den Dörfern und einer Schule unterstützt. So ist der Park nicht nur Touristen, sondern auch den Einheimischen von Nutzen.

Am nächsten Tag laden die Wildhüter uns zu einer Pirschfahrt mit dem Jeep ein. Wir beobachten Antilopen, Giraffen, Elefanten, Büffel, ein Löwenrudel und erhaschen sogar einen Blick auf einen Geparden. Henning Mankell bleibt in der Lodge, er hat schon einige dieser Safaris mitgemacht.

Wir spüren, dass die Schönheit des Nationalparks, die wir so intensiv wahrnehmen, ihn nicht wirklich zu locken vermag. Für ihn sind es Postkartenbilder, die der weiße Tourist Afrika abverlangt und die nicht die – ganze – Wahrheit des Kontinents spiegeln.

»*Die romantische Sichtweise – Elefanten, die langsam dem Sonnenuntergang entgegenziehen – ist eine der Strategien, die vielschichtige Erscheinung Afrikas zu vereinfachen. Vielleicht ist es nicht möglich, die Wahrheit zu ergründen, aber zumindest können wir nach den Grundlagen der Wahrheit suchen. Den Widersprüchen zwischen der Vergangenheit und der Gegenwart, Elend und Entwicklung, Hoffnung und Verzweiflung.*

In den Sonnenuntergängen, den Safaris, an den Stränden finden wir Schönheit, aber ohne die fortdauernden Schatten kann kein Bild wahrhaftig sein.«

Erst die Widersprüche Afrikas führen zur ganzen Wahrheit. Das extrem Schöne oder das extrem Schreckliche, seien es die Nationalparks oder die Slums von Nairobi, kann – für sich genommen – kein wahres Bild ergeben.

Am Abend in der Paraa Lodge, die übrigens von Indern geführt wird, findet sich Gelegenheit, mit Touristen zu plaudern. Henning Mankell ist den meisten ein Begriff, sie freuen sich, seine Bekanntschaft zu machen. Sie schwärmen vom Wildreichtum und der Schönheit der Landschaft, und wer will es ihnen verdenken? Ein Norweger, der immer wieder nach Afrika reist, erzählt von seinen Eindrücken. Bereits am Flughafen spüre er, dass sein Körper sich gewissermaßen erinnere, als ob er wisse, dass vor vielen Tausenden Jahren der erste Mensch aus Afrika stammte. Dass ihn der Blickkontakt mit Afrikanern emotional berühre und die unglaublichen Widersprüche Afrikas ihn in ein neues, anderes Bewusstsein zögen.

Henning Mankell nickt zustimmend, auch er hat dieses Gefühl, als ob sein Körper sich erinnere, schon wahrgenommen.

Für David Onguti und Mzee ist die Paraa Lodge das Disneyland der Weißen. Mit ihnen, den Afrikanern, habe das nichts zu tun. Aber dennoch tun sie alles, um ihren weißen Gästen den Aufenthalt so bequem und erlebnisreich wie möglich zu gestalten und das malerische Klischee aufrechtzuerhalten. Dies ist eine Erfahrung, die wir häufiger machen: dass die Afrikaner die Barriere zwischen ihrer und unserer Welt als gegeben hinnehmen und weniger damit hadern als wir. Als wir uns von Mzee verabschieden und Henning Mankell ihn fragt, was er sich für seine Zukunft erwartet, antwortet er: »Unser Leben verbessert sich. Wir können jetzt abends zusammen ein Bier trinken, ohne dass wir Angst haben müssen, erschossen zu werden. Wenn es nur nicht wieder Krieg gibt!« Dann steigt er in sein Boot und legt ab.

Unterdessen hat es geregnet. Später am Abend wimmelt es in der Lobby unsrer noblen Herberge auf einmal von kleinen weißen Fluginsekten. »Weiße Ameisen«, erklärt uns James Mbiri, unser ugandischer Producer. Aber das ist erst der Anfang. Auf einmal fallen in allen Räumen des Gebäudes ganze Wolken ein, erobern selbst verschlossene Zimmer. »Schnell, legt Handtücher vor eure Türschlitze«, rät uns James. Als wir in unsere Zimmer kommen, haben sich die ungebetenen Gäste schon breitgemacht. Das Personal ist an derartige Überraschungen gewöhnt und weiß, was zu tun ist. Mit einer Spraydose bewaffnet, rückt der Empfangschef hinter seiner Theke, auf der Computer und Telefon stehen, den Tierchen zu Leibe. Dass ihnen ohnehin

nur eine kurze Lebensdauer beschieden ist und im Zweifelsfall das Insektengift den größeren gesundheitlichen Schaden für die Gäste darstellt, spielt hier keine Rolle. Wenig später rücken die ersten Putzkommandos aus, um Häufchen toter Insekten vom Boden aufzukehren. Zu unserem Erstaunen betrachten die Angestellten aber die Ameisen nicht allein als hygienische Herausforderung. Immer wieder schiebt sich jemand eine Ameise – oder auch gleich eine ganze Handvoll – in den Mund. Die Flügel, die offenbar ungenießbar sind, werden wieder ausgespuckt. James klärt uns auf, dass weiße Ameisen als Delikatesse gelten, die zudem wertvolle Proteine liefern. In Zeiten knapper Nahrung bewahrten sie manche Region vor einer gravierenden Hungersnot.

Wir aber wagen keine Kostprobe. Am nächsten Morgen ist der Spuk vorbei, die Holzdielen der Eingangshalle glänzen wie bei unserer Ankunft, die Idylle ist wieder makellos.

Wir brechen auf, um uns einer anderen Realität Afrikas zuzuwenden. Im Norden Ugandas wollen wir diejenigen treffen, die am schlimmsten unter dem Bürgerkrieg gelitten haben: die Kindersoldaten.

Gulu *oder* Die Sehnsucht nach dem Seelenfrieden

Der Weg in die Stadt Gulu führt zunächst durch menschenleeres Gebiet, das schon vor der Gründung des Nationalparks entsiedelt wurde, weil dort viele Menschen der Schlafkrankheit zum Opfer fielen. Auch wir werden, als wir einmal kurz unsere Fahrzeuge verlassen, sofort von einem Schwarm Tsetsefliegen attackiert und suchen rasch das Weite.

Schließlich verlassen wir den Park durch den Nordausgang.

Unser Blick fällt auf gepflegte Siedlungen aus runden, schilfgedeckten Lehmhäusern zu beiden Seiten der Straße. Nach unseren Maßstäben sehen diese Dörfer ärmlich aus, trotzdem gelingt es den Menschen, ihrem anscheinend dürftigen Leben eine würdevolle äußere Form zu geben. Sie sind – nach unseren Begriffen – in Lumpen gekleidet, die bunt bedruckten T-Shirts der Kinder und jungen Männer sehen aus, als stammten sie aus einer deutschen

Altkleidersammlung. Die Frauen sind sorgfältig frisiert, ihr Haar haben sie in akkurat sitzende Zöpfchen geflochten, die ihre hübschen Gesichter fein umrahmen. Rinder mit mächtigen Hörnern und buntscheckige Ziegen weiden unter Akazien, fast nackte Kleinkinder spielen im Staub oder schmiegen sich an ihre Mütter. Wir ertappen uns bei dem Gedanken, dass sich hier selbst die Armut idyllisch präsentiert. Warum scheinen die Menschen im Norden Ugandas so offenbar mit sich und der Welt im Reinen, während die Bewohner Dakars auf die Straße gehen, um ihrem Zorn über gestiegene Lebensmittelpreise Ausdruck zu verleihen? Aber vermutlich sind die Leute auf dem Lande, die als Kleinbauern ihren Lebensunterhalt bestreiten, nicht im gleichen Maß von der Lebensmittelkrise betroffen wie die Bewohner der Großstädte.

Es ist nicht anders als bei uns: Der Vergleich mit anderen lässt einem die eigene Situation erst unerträglich erscheinen. Anders als in afrikanischen Großstädten wie Dakar leben die Menschen in den ländlichen Regionen Ugandas ohne die Verlockung westlicher Konsumgüter. Es gibt keine reichen Nachbarn, deren Autos, Mobiltelefone oder Fernseher den Neid der anderen erregen, keine Medien, die einem all das, was man sich niemals leisten kann, Tag für Tag als absolutes *must-have* einhämmern. Auch keine Touristen, die in überschäumender Nächstenliebe Schokoladenriegel verteilen. Niemanden, der den Leuten ihre eigene Armut laufend ins Bewusstsein zwingt.

Als wir schließlich Gulu erreichen, die Hauptstadt des Nordens, ist es später Nachmittag. Der Ort macht mit seinen bunten Steinhäusern, seinen zahlreichen Geschäften und rotbraunen Erdstraßen, die alle im rechten Winkel verlaufen, einen freundlichen Eindruck. Dass es hier nicht immer freundlich zuging, davon künden zwanzig bis dreißig Hinweisschilder mit den Namen diverser Hilfsorganisationen. Ihre weißen Geländewagen machen den größten Teil des Verkehrsaufkommens aus. Der Grund ihrer Anwesenheit: Ihre Mitarbeiter versuchen, im Norden Ugandas die Folgen des verheerenden Bürgerkrieges zu mildern.

Entfacht wurde er von dem Rebellenführer Joseph Kony, einem ehemaligen Priester, der 1987 die *Lord's Resistance Army* (LRA), zu Deutsch »Widerstandsarmee Gottes«, gründete. Über seine konkreten politischen Ziele ist

wenig bekannt, außer dass er die ugandische Regierung stürzen und einen christlich-fundamentalistischen Staat, basierend auf den Zehn Geboten, errichten will.

Über zwanzig Jahre lang hat die für ihre brutalen Kindesentführungen berüchtigte LRA die Zivilbevölkerung im Norden Ugandas terrorisiert. Sie bestand zu achtzig Prozent aus Kindern und Jugendlichen, die sie zu Killern und zu Sexsklavinnen gemacht hatte. 2005 erließ der Internationale Strafgerichtshof in Den Haag Haftbefehle gegen Joseph Kony und seine Befehlsführer.

Doch der mutmaßliche Kriegsverbrecher befindet sich bis heute auf freiem Fuß, und es ist unwahrscheinlich, dass er jemals für seine Verbrechen zur Verantwortung gezogen wird. 2006 vereinbarten die ugandische Regierung und die LRA einen Waffenstillstand. Der Friedensprozess geriet wiederholt ins Stocken, da Kony den Friedensvertrag wohl nur unterzeichnen wird, wenn die Haftbefehle aufgehoben werden. Viele Menschen im Norden Ugandas befürchten daher, dass der Rebellenführer, der mit seinen immer noch mehrere Tausend zählenden Kämpfern im Grenzgebiet zwischen Kongo und Südsudan operiert und von der sudanesischen Regierung unterstützt wird, erneut losschlagen könnte.

Von den etwa fünfundzwanzigtausend Jungen und Mädchen, die in die Rebellenarmee gezwungen wurden, sind bisher nur etwa zweitausend zurückgekehrt. Entweder in ihre Heimatdörfer oder nach Gulu. In Vertriebenencamps versuchen sie, unter der Obhut von Hilfsorganisationen, wieder in ein normales Leben zurückzufinden.

Wir haben uns mit Evelyn Pekech verabredet, die für die Kinderhilfsorganisation *Save the Children* tätig ist. Evelyn, eine resolute Mittdreißigerin, stellt uns den Psychologen Robert Okeny vor, der seit Jahren mit traumatisierten Kindersoldaten arbeitet.

Er beschreibt, was sie nach ihrer Rettung erwartet. Zuerst kommen sie in ein Rehabilitierungszentrum, wo ausgebildete Psychologen, wie Okeny selbst, sie dabei unterstützen, das Erlebte und Gesehene zu verarbeiten. Ob das gelingt, hängt nicht nur von der Schwere des Traumas, sondern auch von der individuellen Persönlichkeit der Kinder beziehungsweise Jugendlichen ab. Ob sie über eigene Bewältigungsmechanismen verfügen und ob ihnen während ihrer Zeit als Kindersoldaten vertrauenswürdige Bezugspersonen, zum Beispiel ältere Kinder, ein wenig Geborgenheit geben konnten. Nicht jedes Trauma – sagt der Psychologe mit langjähriger Erfahrung – wird aufgearbeitet. Manchmal ist es besser, das Geschehene ruhen zu lassen und darauf zu hoffen, dass es mit der Zeit »eingekapselt«, also vergessen wird. Und nicht jede böse Erinnerung schaffe ein Trauma. »Von einem Trauma sprechen wir nur, wenn vergangene Erlebnisse das gegenwärtige Leben der Betroffenen in der Form von Flash-backs (ungewollt und spontan auftretenden Bilder des schrecklichen Erlebnisses), starken Angstzuständen oder anderen seelischen Störungen beeinträchtigen.«

Wenn die Kinder das Rehabilitierungszentrum verlassen, beginnt für sie die schwierigste Zeit: die Wiedereingliederung in ihre alte Dorfgemeinschaft. »Wenn ich gewusst hätte, was mich erwartet, wäre ich nicht heimgekommen«, diesen Satz hören die Mitarbeiter der Hilfsorganisationen häufig. Die Jungen müssen nun vielfach für sich selbst sorgen, weil ihre Angehörigen tot oder vermisst sind oder, schlimmer noch, nichts mehr mit ihnen zu tun haben wollen. Manchmal ist die beste Lösung, sie in die ugandische Armee zu vermitteln, wo sie eine ähnliche Struktur finden wie in der LRA und sich daher am einfachsten zurechtfinden. Aber die Armee rekrutiert nur junge Männer ab achtzehn, die Jüngeren müssen ein anderes Auskommen finden.

Besonders schwierig ist die Situation der Mädchen, die von LRA-Kämpfern vergewaltigt wurden und ein Kind haben. Sie lassen sich nur schwer verheiraten und stellen damit für ihre Familien nicht nur eine Schmach, sondern auch eine wirtschaftliche Belastung dar. Um wieder von der Gemeinschaft akzeptiert zu werden, müssen sie sich oftmals einer traditionellen Reinigungszeremonie unterziehen. Für Okeny, den Psychologen, sind diese Zeremonien ohne jeden therapeutischen Nutzen für die jungen Frauen – reiner Aberglaube. Trotzdem befürwortet er sie aus sozialen Gründen, denn nur so ist eine Wiedereingliederung der ehemaligen Kindersoldatinnen überhaupt möglich. Wie ein Damoklesschwert schwebt über den geflohenen Kindersoldaten auch die Angst, erneut von der LRA entführt zu werden. Denn Konys Rebellen versuchen, die geflohenen Kinder zu fassen und zu bestrafen, um andere von der Flucht abzuhalten.

In Begleitung Evelyn Pekechs fahren wir auf einer holprigen Piste, die durch den Regen der vergangenen Nacht stark aufgeweicht ist, hinaus aus Gulu. Es ist uns ein Rätsel, wie die Hilfsorganisationen in der Regenzeit zu ihren Schützlingen gelangen. Schon jetzt dauert der Weg länger als eine Stunde.

Evelyn bittet uns, uns so unauffällig wie möglich zu verhalten, wenn wir mit den ehemaligen Kindersoldaten sprechen. Es sei schwierig genug, die Traumatisierten wieder in die Gemeinschaft einzugliedern. Eine bevorzugte Behandlung der Kindersoldaten könne den Neid der anderen erwecken und die erreichten Erfolge schnell zunichtemachen.

Schließlich erreichen wir Anaka, das Lager der *internally displaced persons*, der »Flüchtlinge im eigenen Land«, die es in Afrika millionenfach gibt. UNHCR, das Flüchtlingswerk der Vereinten Nationen, ist offiziell nicht für sie zuständig, da sie innerhalb ihrer Landesgrenzen geflohen sind und nicht unter das internationale Flüchtlingsrecht fallen. Wenngleich sich UNHCR in letzter Zeit auch verstärkt für Binnenvertriebene einsetzt, ist es doch in erster Linie Aufgabe der jeweiligen Regierungen, für die Entwurzelten Sorge zu tragen.

Hier im Norden Ugandas, davon können wir uns überzeugen, kommt die ugandische Regierung ihrer Pflicht nach. Camp Anaka sieht aus wie ein normales Dorf, nur viel größer, und die Rundhütten stehen enger beieinander. Es gibt Wasserstellen, aus denen Frauen sauberes Wasser holen, und Felder, wo die Flüchtlinge Erdnüsse und Mais anbauen. Nicht nur für den Eigenbedarf, sondern auch, um die Ernte auf dem Markt zu verkaufen. Denn es soll vermieden werden, die Heimatlosen vollständig von der Lebensmittelhilfe abhängig zu machen.

Um die dreiundzwanzigtausend Menschen leben im Camp. Und Anaka ist nur eines von sechzig ähnlichen Flüchtlingslagern, in denen über eine Million Menschen leben, verteilt über ganz Norduganda. Weil viele Regionen, besonders um Gulu herum, noch von Minen verseucht sind, konnten sie nicht in ihre Heimatdörfer zurückkehren. Wohin wir schauen, sehen wir Kinder und Jugendliche, manche verstümmelt, denn immer wieder kommt es zu Unfällen mit unentdeckten Minen.

Evelyn Pekech bringt uns zum Schulgebäude, wo wir Justin kennenlernen. Er ist einer von hundertzwanzig Kindern allein in Anaka, die als Kindersoldaten in der LRA gekämpft haben. Justin versteht unser Englisch einigermaßen, antwortet uns aber in seiner Muttersprache Acholi. Justin ist siebzehn Jahre alt, er geht schwungvoll wie ein junger Mann, hat aber den Blick eines Fünfzigjährigen. Man spürt, dass seine Augen Dinge gesehen haben, die selbst ein Erwachsener nicht einfach wegsteckt. Oft blicken sie ins Leere, als suche er auf irgendetwas eine Antwort. Als wir ankommen, umzingeln uns Scharen neugieriger Kinder. Justins Klassenkameraden trommeln ein Lied, um uns willkommen zu heißen. Für die Ankunft von Besuchern haben sich bereits bestimmte Rituale eingebürgert, schließlich waren vor uns schon Regierungsvertreter, Angehörige internationaler Delegationen und Journalisten hier. Um unbehelligt sprechen zu können, suchen wir uns ein ruhiges Eckchen abseits der Schule.

Henning Mankell fragt Justin nach seiner Geschichte. Das Gesicht des Jungen wird lebendiger, während er erzählt. Es scheint ihm keine Probleme zu bereiten, sein für uns schockierendes Schicksal einem Fremden zu berichten, noch dazu vor laufender Kamera. Justin fällt Konys Armee in die Hände,

als er zwölf ist. Als sein Heimatdorf überfallen wird, versteckt er sich mit drei älteren Jungen, doch die Häscher der LRA spüren ihn auf. Die Älteren werden in Ketten gelegt, der kleine Justin muss folgen. Nach vier langen Tagesmärschen erreichen sie das LRA-Camp. Justins Leben als Kindersoldat nimmt seinen Anfang. Erst muss er nur bei der Nahrungssuche helfen und kleine Hilfsarbeiten im Lager übernehmen. Dann lernt er schießen. Eine eigene Waffe erhält er nicht, denn Gewehre sind knapp. Erst als einer der anderen Kämpfer bei einem Gefecht umkommt, nimmt sich Justin dessen Waffe, die er behalten darf. »Das war der normale Weg, um zu einem Gewehr zu kommen«, erzählt er.

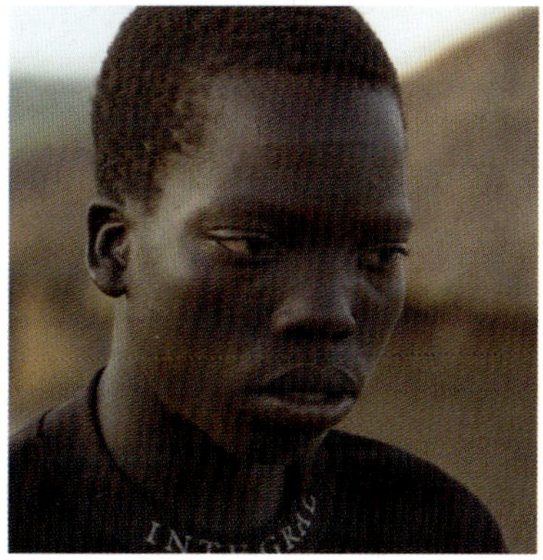

Als er zum ersten Mal mit seinem Kommando einen Militärposten überfallen muss, schießt er in Panik wie wild um sich, ohne zu wissen, was und wen er trifft. Die ugandische Armee hat Weisung, auf die Kindersoldaten der LRA nur im äußersten Notfall tödliche Schüsse abzugeben. Dennoch wird Justin bei seinem ersten Angriff am Bein verletzt, er zeigt uns die Narbe.

Mit der Zeit wird das Leben als Kindersoldat für Justin zur Normalität. Die feste Struktur der Einheiten schafft – das hat uns der Psychologe Okeny erklärt – Ersatz für die Familie. Die Zivilbevölkerung, so versichert uns Justin, habe man nur eingeschüchtert und ausgeraubt. Er ist sich sicher, keinen Zivilisten getötet zu haben. Ob er die Wahrheit sagt oder nur sein Gewissen beruhigen will, können wir nicht beurteilen. Jedenfalls, das lässt Justin durchblicken, gab es selbst im Leben eines Kindersoldaten Vorlieben. So beteiligte er sich gern an Autoüberfällen, denn einen Teil der Beute durften die Kindersoldaten behalten. »So viel wie bei der LRA habe ich noch nie besessen«, sagt Justin, und wir sehen ihm an, dass dieser Teil seiner »Arbeit« ihm gut gefallen hat. Als er fünfzehn ist, nimmt das, was Justin zumindest in Teilen als Spaß erlebte, ein abruptes Ende. Einer von Konys Offizieren zwingt ihn, einen Mann zu töten. Danach plagen ihn Albträume, jede Nacht, monatelang, bis heute. Eines

Nachts, als alle schlafen, nimmt er seine Kalaschnikow und flieht. Nach den Regeln der LRA ein todeswürdiges Vergehen, nicht nur der Flucht wegen, sondern vor allem, weil Justin die Waffe mitnimmt. Denn Waffen sind knapp in Konys Rebellenarmee. Justin muss damit rechnen, von seinen ehemaligen Kameraden getötet zu werden, sollten sie ihn finden.

Jetzt gerät der Junge immer wieder ins Stocken. Wir spüren, dass die Erlebnisse in seiner Seele noch immer arbeiten, er noch längst keinen Frieden

gefunden hat. Paradox kommt es uns vor, dass er dennoch heute etwas zu vermissen scheint, was er bei der LRA hatte: Es war der feste Platz, die klare Aufgabe, und es war das Gefühl der Macht. Die Macht, zu schießen, die Macht, sich fremdes Eigentum anzueignen, und die Macht, es den Erwachsenen gleichzutun. Das lässt sich zwischen seinen Worten heraushören. Und heute? Heute lebt er in Sicherheit, er muss weder Verletzung noch gewaltsamen Tod fürchten, aber es ist ein kümmerliches Dasein. Justin geht zur

Schule, doch das Geld wird dazu bald nicht mehr reichen. Denn die Großmutter, die jetzt für ihn sorgt, ist selbst bitterarm.

Bei anderer Gelegenheit erhaschen wir einen Blick auf eine abgemagerte alte Frau mit nur noch wenigen Zahnstümpfen im Mund, die sich gerade im Freien wäscht. Erst später erfahren wir, dass diese Frau, die bei uns allen Mitleid hervorruft, Justins Großmutter ist. Und dass ihre einfache Hütte die ist, in der er lebt. Zu der Armut kommen die Albträume, die Justin bis heute quälen. »Manchmal wache ich nachts auf und weine. Dann bete ich stundenlang allein, das hilft mir. Mit diesen Dingen im Kopf weiterzuleben ist nicht einfach. Ich muss mich immer irgendwie beschäftigen, damit ich nicht dauernd an all das denken muss.«

Macht besitzt Justin heute keine mehr. Jetzt bestimmen andere über sein Leben, zum Beispiel die Leute vom Bezirksrat. Wie alle ehemaligen Kindersoldaten hat er einen Betreuer, der ihn dabei unterstützen soll, dass er nicht auf die schiefe Bahn gerät und bei Gleichaltrigen Anschluss findet. Die halten, wie wir erfahren, Distanz zu ihm, denn er ist ein aufbrausender Typ, und sein finsteres, verschlossenes Wesen macht ihnen Angst. Alle in seiner Umgebung kennen seine Geschichte, es gibt keine Geheimnisse und keine Intimsphäre. Die anderen wissen, dass er Härteres durchgemacht hat als sie.

Justin fürchtet heute, zwei Jahre nach seiner Flucht, nicht nur seine Albträume und die Rache seiner ehemaligen Kameraden bei der LRA. Die größte Angst hat er davor, dass das Geld nicht für den weiteren Schulbesuch reicht. Denn nur Bildung, das hat er verstanden, gibt ihm die Chance, aus dem Elend herauszukommen. Als Henning Mankell ihn fragt, wo er denn in zehn Jahren stehen möchte, antwortet er schüchtern, aber mit fester Stimme: »Ich möchte Doktor sein. Doktor Justin.« Alle lachen. Justin auch, doch wir spüren, dass er es ernst meint. Zum Abschied geben wir ihm einen Geldbetrag, der für ein Jahr Schulbesuch reicht. Justin wirkt wie erstarrt. Er nimmt meine Hände, bedankt sich ohne viel Worte und verschwindet zwischen den Hütten.

Dass ihm jemand Zuwendung entgegenbringt, noch dazu völlig Fremde, ist für ihn vollkommen ungewohnt. Wir alle sind gerührt von seiner Geschichte und von seiner fragilen Persönlichkeit, die so gar nicht zu dem kalten Gesichtsausdruck passen will. Wir nehmen uns vor, uns weiter um ihn zu kümmern.

Es liegt nahe, an Mankells *Der Chronist der Winde* zu denken: an den Straßenjungen Nelio, mit dem der Schriftsteller misshandelten Kindern Afrikas ein literarisches Denkmal gesetzt hat.

»In einem jeden gab es einen Kern, der so stabil und kostbar war wie ein Diamant. Das war der Traum von einem anderen Tag, einem Wiedersehen, einem Bett zum Schlafen, einem Dach überm Kopf, einem Personalausweis.«

Im selben Camp lernen wir eine junge Frau kennen. Aouma war ebenfalls Kindersoldatin. Wir besuchen sie in ihrer Hütte, die sie zusammen mit ihrem Mann und ihrem zweiten Kind bewohnt. Das erste Kind aus einer Zwangsehe mit einem LRA-Kämpfer lebt heute bei Aoumas Mutter. So wurde es für ihren jetzigen Mann leichter, sie trotz ihrer tragischen Vergangenheit zu heiraten, ohne selbst das Gesicht zu verlieren, erklärt uns Evelyn Pekech. Dass Kinder nicht bei ihren leiblichen Eltern aufwachsen, ist in afrikanischen Familien nicht ungewöhnlich. Familie wird viel weiter gefasst als bei uns, und dass eine Frau außer ihren eigenen Kindern noch für Neffen, Nichten oder Enkel sorgt, kommt häufig vor.

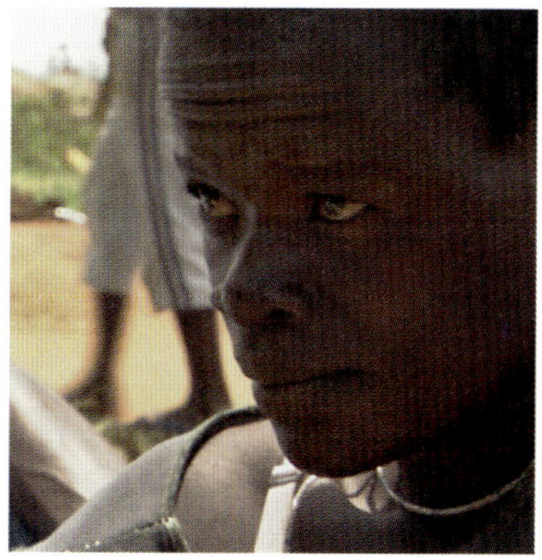

Aouma ist heute fünfundzwanzig Jahre alt. Sie ist von knabenhafter, schmaler Gestalt und trägt die Haare ganz kurz geschnitten. Es ist ein junges Gesicht, aber auf der Stirn sind tiefe Furchen, die nicht zu der sonst so glatten Haut passen wollen. Sie trägt ein schwarzes, an den Rändern ausgefranstes Kleid, das Baby übergibt sie während unseres Gesprächs einer Nachbarin.

Aouma begrüßt uns freundlich, und wenn sie lacht, blitzen ihre großen weißen Zähne aus dem dunklen Antlitz. Aber Arglosigkeit und Unbekümmertheit sind, wenn es sie je gab, aus ihren Zügen verschwunden.

Ihre Antworten kommen zögernd, manchmal bleibt sie einfach stumm. Es scheint, als laste die Erinnerung zentnerschwer auf ihrem zierlichen Körper.

Ihr Leidensweg beginnt 1992, als sie im Alter von neun Jahren von der LRA entführt wird. Im Camp lässt man sie zunächst die Kinder älterer Soldatinnen betreuen, bis sie Kämpferin wird. Mit vierzehn zwingt man sie, Hassan zu »heiraten«, einen von Konys Leuten. Wenig später wird er bei einem Überfall getötet. Aouma trauert nicht um ihn, aber sie erwartet ein Kind. Zu dieser Zeit gehört sie zu einer Einheit Konys im Südsudan, wo sie mit anderen Leidensgenossinnen für die Beschaffung von Wasser und Nahrung verantwortlich ist. In der Dürreregion ist dies eine schwierige, gefahrvolle Aufgabe. Sie erzählt, wie sie einmal mit anderen Mädchen unterwegs war und Honig fand. »Wir waren alle so hungrig, dass wir den Honig gierig verschlungen haben. Nach wenigen Stunden waren wir furchtbar durstig, es war, als verklebte der Honig unsere Kehlen. Aber wir hatten noch einen weiten Weg ins Camp, und einige Mädchen sind unterwegs verdurstet.« Aouma sieht zu Boden, bemüht sich, die Fassung zu bewahren. Die Freundinnen sterben zu sehen, ihnen nicht helfen zu können, das nagt an ihrer Seele. Dass sie selbst Glück gehabt hat, ist ein schwacher Trost. Dank eines starken Überlebenswillens gelingt ihr schließlich die Flucht. Unter unvorstellbaren Strapazen, trotz Schwangerschaft und ohne richtige Nahrung. Das Baby kommt im Rehabilitierungszentrum zur Welt.

Während sie spricht, wird die Runde immer größer. Die Kinder um uns herum kichern und schneiden Grimassen, Aouma aber wird immer einsilbiger.

Es ist, als würde die Erzählung sie den Schmerz aufs Neue spüren lassen. Wir haben ein schlechtes Gewissen, dass wir weiterfragen. Aber wir wollen ihre Geschichte, die so typisch ist für viele ihrer Leidensgenossinnen, weitererzählen. Schließlich fährt sie fort.

Ähnlich wie Justin berichtet uns Aouma nicht nur Negatives aus ihren Jahren bei der LRA: Dreimal am Tag habe sie gebetet, vor großen Kämpfen sogar den ganzen Tag, das habe ihren Glauben gestärkt. »An Feiertagen haben wir Mädchen uns sogar hübsch angezogen. Das gefiel mir«, erzählt sie uns. Dass die Kindersoldaten der LRA noch viele Jahre nach ihrer Flucht positive Erinnerungen an ihre Zeit im Busch, gerade auch an die Geborgenheit dort, in

sich tragen, ist keine Seltenheit, wie uns die Betreuer versichern. Denn die LRA war für sie wie eine Familie; sie wussten nicht mehr, wie ein Kind in einer richtigen Familie lebt.

Aoumas Leidensgeschichte hat sich doch noch zum Guten gewendet. Sie lebt heute mit ihrem Mann und dem Kind ein fast normales Leben, wenn auch im Flüchtlingscamp. Sie arbeitet mit anderen Frauen auf einem Erdnussfeld, die Gemeinschaft akzeptiert sie wieder, seit sie sich dem Reinigungsritual unterzogen und eine neue Familie gegründet hat. Ob die Erinnerungen an die Zeit als Kindersoldatin sie noch hin und wieder heimsuchen, sagt sie uns nicht. Nur so viel, dass es für sie keinen Sinn mache, sich an all das zu erinnern oder gar mit ihrem Mann darüber zu reden. »Am besten ist es, wenn ich schweige, gar nicht, mit niemandem darüber rede. Nur so kann ich es vergessen.«

Wir begleiten Aouma zum Gottesdienst. Während sie singt, scheint die Last ihrer Erinnerung weniger schwer zu wiegen. Ihr tiefer Glauben, der in der Zeit als Kindersoldatin eher noch gefestigt wurde, gibt ihr auch heute Halt.

Später erlaubt sie, dass wir sie beim Wasserholen begleiten. Mit einer Handpumpe füllt sie das Wasser in einen gelben Kanister, mindestens fünfzehn Liter passen hinein. Wir verstehen jetzt, warum Aouma so muskulöse Arme hat. Den Kanister auf dem Kopf, das Baby auf dem Rücken, schreitet sie zurück zu ihrer Hütte.

Ihr Mann reinigt unterdessen mit einem kleinen Zweig seine Zähne. Auch das ist hier Normalität: Während die Frauen die Verantwortung für Kinder und Nahrungsbeschaffung tragen, geben sich ihre Männer viele Stunden am Tag dem Müßiggang hin – im Camp fehlt es an Arbeitsmöglichkeiten. Dennoch bringen die Frauen ihren Männern großen Respekt entgegen, verneigen sich zur Begrüßung vor ihnen.

Wir verabschieden uns von Aouma. Noch einmal schenkt sie uns ihr herzliches Lachen, das ihre weißen Zähne blitzen lässt. Aber was sie wirklich über die neugierigen Besucher aus Europa denkt, bleibt ihr Geheimnis. Für sie ist es kaum nachvollziehbar, dass ihr Leben als Kindersoldatin, ihre Abenteuer im Busch und ihre Flucht vor den LRA-Rebellen sie für Gleichaltrige in

Europa zu einer Heldin machen. Denn hier im Norden Ugandas, wo Tausende ehemalige Kindersoldatinnen versuchen, in die Normalität zurückzufinden, ist ihr Schicksal alles andere als außergewöhnlich.

Joyce *oder* Die Bücher der Erinnerung

An einem neuen Tag unter gleißender Sonne fahren wir Richtung Südosten – unser Ziel ist die Stadt Tororo. Sieben Stunden auf einer Straße, die mit ihren vielen Schlaglöchern unseren Bandscheiben das Äußerste abverlangt. Dennoch genießen wir die Fahrt durch das hügelige Buschland, vorbei an malerischen Akazien, an Savannengras, das sich im Wind wiegt. An einem Himmel von überirdischem Blau türmen sich kleine Wolken, der Blick verliert sich in der Weite, die in Ostafrika manchmal endlos zu sein scheint. Bilder, die uns später sehnsüchtig stimmen und vieles Schmerzhafte und Strapaziöse der Reise verdrängen werden. Wir sprechen wenig, hören über Kopfhörer unsere mitgebrachte Musik, und jeder hängt seinen Gedanken nach.

Was wir in Gulu gesehen haben, ist nicht einfach zu verkraften. Wir fragen uns wohl alle, was wir tun können. Hätten wir nicht schon längst etwas tun müssen? Weder für Henning Mankell noch für uns ist es das erste Mal, dass wir großes Elend sehen. Aber die Schicksale von Justin und Aouma sind uns durch die langen Gespräche viel näher gekommen, und sie haben uns gelehrt, dass die Beschädigungen dieser jungen Menschen viel tiefer gehen, als man es jetzt, so kurz nach dem Ende des traumatischen Erlebens, erkennen kann.

Unterwegs sehen wir wieder Scharen von Kindern am Straßenrand. Jedes Mal, wenn unser Wagen hält, umringen uns die kleinen Gören und hoffen auf Gaben in Form von Kaugummis oder Münzen. Sie machen einen unbeschwerten und fröhlichen Eindruck. Das freie Leben ohne die ständige Kontrolle der Erwachsenen und die trotzdem vorhandene Geborgenheit in der Großfamilie bekommen ihnen offenbar gut. Henning Mankell zeigt uns seine Reisenotizen:

»Überall sind Kinder, in welchem Dorf oder Land auch immer. Sie sind wirklich überall und scheinen niemandem zu gehören, mit Ausnahme der Babys, die von ihren Müttern oder Schwestern auf dem Rücken getragen werden.

In Afrika habe ich Kinder gesehen, die besser behandelt werden als überall sonst auf der Welt. Jeder verhält sich wie Mutter oder Vater zu den Kindern. Die Familie ist immer riesig.

Aber ich habe auch nirgendwo anders erlebt, dass Kinder so schlecht behandelt wurden: Sie werden gezwungen, Soldaten zu sein und zu töten, sie werden misshandelt und missbraucht, egal ob Junge oder Mädchen.«

Mütter mit sechs Kindern sind in Uganda nichts Ungewöhnliches. Viele Kinder sind erwünscht. Wenn der Kindersegen ausbleibt, vermutet man, dass böse Geister ihre Hand im Spiel haben. Kinder zu haben bedeutet Ansehen in der Gesellschaft, Glück und die Hoffnung, dass sich im Alter jemand um einen kümmert. Denn staatliche Altersvorsorge wie bei uns gibt es für die Mehrzahl der Menschen nicht. Zudem sind Kinder willkommene Arbeitskräfte: Schon die ganz Kleinen hüten Ziegen, die Älteren passen auf die Geschwister auf oder sammeln Früchte. Spätestens ab dreizehn, vierzehn übernehmen Kinder die gleichen Aufgaben wie die Erwachsenen. In der Stadt tragen sie als kleine Straßenhändler zum Familienunterhalt bei. Dass Kin-

derarbeit bei uns verboten ist, finden Afrikaner absurd. Und in der Tat: Wir haben nicht das Gefühl, dass Kinder in Afrika unglücklicher sind als bei uns. Ganz im Gegenteil machen sie einen ausgeglicheneren, zufriedeneren Eindruck. Die »Kinderarbeit« wird aber problematisch, wenn die Kinder durch ihre Pflichten zu Hause so beansprucht sind, dass sie nicht die Schule besuchen können und ihnen die Chance auf eine bessere Zukunft verwehrt bleibt.

Aber auch in Uganda hat ein Umdenken eingesetzt. Wir unterhalten uns häufig mit James Mbiri, unseren ugandischen Producer, über die Zukunft seines Landes und über die seiner Familie. James ist ein Beispiel für die junge, gebildete Schicht Ugandas, die auch in puncto Familienplanung andere Wege geht. Er hat nur eine Frau geheiratet, die beiden haben einen Sohn, geplant ist höchstens noch ein weiteres Kind. Eine Kleinfamilie wie in Europa also. Dabei ist James selbst das einunddreißigste Kind von den insgesamt zweiunddreißig Sprösslingen seines Vaters, der immerhin vier Frauen ehelichte! Da sechs seiner Geschwister, ebenfalls mit vielen Kindern gesegnet, an Aids gestorben sind, kümmert sich James heute um sechs Waisen. Allein die Schule kostet pro Kind dreihundert Euro jährlich, sodass James einen stattlichen Teil seines Verdienstes in die Ausbildung der Kinder steckt. Was ihm nur gelingt, weil ihm eine deutsche Familie dabei hilft. James ist überzeugt – ebenso wie Bevölkerungsexperten –, dass Bildung der Schlüssel ist für ein Umdenken in der Familienplanung. Seiner Meinung nach hat ein Diplom eine stärkere empfängnisverhütende Wirkung als Pille und Kondom zusammengenommen. Denn wenn die Mehrzahl der Ugander, Frauen ebenso wie Männer, eine ausreichende Schulbildung erhält, dann werden ihre Ansprüche an Lebensqualität steigen und ihre Familien automatisch kleiner werden. So wie bei ihm selbst. Ob seine Kinder dann noch die unbeschwerte Kindheit am Straßenrand erleben oder Wohlstandskids werden, umsorgt von Fast Food und Spielkonsolen? Jede Entwicklung hat auch negative Begleiterscheinungen. »Lieber haben wir ein Problem mit dem Gameboy als mit dem Hunger«, meint James, und da können wir ihm nicht widersprechen.

Am späten Nachmittag erreichen wir Tororo. Hier werden wir ein Projekt kennenlernen, das Henning Mankell besonders am Herzen liegt. Es geht um Krankheit, um Sterben und um Erinnerungen. Der Gedanke, dass von einem Menschen mehr übrig bleibt als nur seine Gebeine …

Sterben nimmt in Uganda einen großen Raum ein, und daran ist nicht nur der Bürgerkrieg schuld. Es ist vor allem Aids, das seit Mitte der 1980er-Jahre mehr als eine Million Menschen dahingerafft hat.

Wir sind mit der deutschen Sektion der Hilfsorganisation *Plan International* verabredet. Henning Mankell ist hier kein Unbekannter. Er war vor fünf Jahren schon einmal in Tororo, um mit Aidskranken und HIV-Infizierten zu sprechen. Daraus entstand sein Buch *Ich sterbe, aber die Erinnerung lebt.*

In Tororo erfuhr er zum ersten Mal von den *Memory Books*, den »Büchern der Erinnerung«.

In Kumi, einem Dorf zwei Stunden von Tororo entfernt, treffen wir die Lehrerin Joyce Achipa. Sie ist zweiundvierzig Jahre alt. Seit 1997 weiß sie, dass sie HIV-positiv ist. Wann sie sich infizierte, weiß sie nicht, nur, dass ihr bereits verstorbener Mann das Virus an sie weitergab. Obwohl sie an Aidssymptomen leidet, macht sie heute einen gesunden, lebhaften Eindruck. Joyce Achipa trägt ein schickes schwarzes Kleid mit einem grafischen, blumenähnlichen Muster, das ihre Waden bedeckt, und sie strahlt Autorität aus. Ein Aidsopfer ist sie nicht, sie ist Aidsaktivistin, daran lässt sie keinen Zweifel.

Wir gehen mit Joyce und ihrer schwer aidskranken Schwester durch den Garten zu einem kleinen Feld, wo ihre drei Kinder begraben sind. Viele Völker Afrikas beerdigen ihre Angehörigen gleich neben ihren Häusern. Die Toten sollen in ihrer Nähe sein, sie werden weiter als Teil der Familie gesehen.

Joyce nennt uns die Namen ihrer toten Kinder, ihre Geburtsdaten und ihre Todestage. Wir stehen in einem Halbkreis um die schlichten Grabsteine herum. Es fällt uns allen schwer, gefasst zu bleiben.

Joyce' Erstgeborener, Otim Isaac, kam im Juli 1993 auf die Welt. Er lebte nur knapp über ein Jahr und starb plötzlich an immer wiederkehrenden Fieberschüben, die sein kleines Herz nicht verkraftete. Das zweite Kind, ein Mädchen namens Veronice, starb schon vor seinem ersten Geburtstag. Und auch Josefine, die später geborene Schwester, starb, bevor sie ein Jahr alt wurde.

Joyce und ihr Mann wussten nicht, dass ihre Kinder Opfer der Immunschwäche Aids waren. Der Tod ihrer Kinder war für sie ein Rätsel.

Erst als sie sich, angestoßen von einer Aufklärungskampagne, einem HIV-Test unterzogen, wurde ihnen klar, dass sie selbst ihre Kinder mit dem Virus angesteckt hatten: Beide waren positiv.

Joyce' Mann war schon schwer krank und starb wenig später. Sie selbst hatte damals noch keine Symptome, aber inzwischen ist die Krankheit auch bei ihr ausgebrochen, und sie muss die entsprechenden Medikamente einnehmen. Sie fürchtet, dass ihr nicht mehr viel Zeit bleibt.

Joyce weiß inzwischen, dass ihr Mann das Virus in die Familie einschleppte, weil er außereheliche Beziehungen hatte. Dennoch hegt sie keine Bitterkeit mehr gegen ihn. Am schwersten sei der Verlust ihrer Kinder zu ertragen, sagt sie uns. Aber selbst deren Tod vermochte es nicht, ihr den Lebensmut zu nehmen.

Wir entfernen uns von den Gräbern. Keiner von uns spricht. Der Moment ist für uns alle einer der ergreifendsten während unserer Reise.

Aber auch ein schwieriger, weil er die immerwährende Kluft zwischen jenen, die ein schweres Schicksal zu ertragen haben, und uns, die wir an diesem Schicksal nur als Zuhörer teilhaben, brutal zutage treten lässt.

OPOLOT

Als wir Joyce nach drei Tagen verlassen, ist sie traurig und niedergeschlagen. Unserer Kollegin Michiko vertraut sie an, wie enttäuscht sie von all den Vertretern der Hilfsorganisationen, all den Ärzten und Schwestern und Journalisten ist, die sich zwar für ihre Krankheitsgeschichte interessieren, aber nicht für sie selbst, für ihr eigenes Wohlergehen. Für uns ist das beschämend, und wir haben keine Rechtfertigung – außer der: Es ist Teil unseres Jobs. Wir lassen uns Schicksale erzählen, um dann zu Hause davon zu berichten, mit welchem Erfolg auch immer. Im günstigen Fall ernten wir Geld und Anerkennung, während die Betroffenen mit ihrem Leid zurückbleiben, zurückfallen ins Dunkel der Anonymität.

Wir versuchen, Joyce davon zu überzeugen, dass sie uns als Mensch wichtig ist. Sie ist bereit, uns zu glauben. Dennoch hat sie in uns etwas aufgewühlt, das wir nur allzu gern vergraben und verdrängen.

Joyce weiß nicht, dass Henning Mankell den Kampf gegen Aids in Afrika zu seiner Sache gemacht hat. Sie kennt auch sein Buch nicht. Und Henning Mankell redet nur selten über das, was er für andere tut. Auch nicht gegenüber Joyce. Wie der Zufall es will, erfährt der Schriftsteller während unseres Aufenthaltes in Kumi, dass eine der Frauen, über die er in seinem Buch geschrieben hat, noch lebt. Elisabeth wohnt in einem Dorf nicht weit von Kumi. Doch der Bote, der sie suchen soll, kehrt unverrichteter Dinge zurück. Sie ist wohl nach Kampala gefahren. Henning Mankell sagt, dass er noch einmal nach Uganda zurückkehren und sie in ihrem Dorf besuchen will. Er hatte immer wieder an Elisabeth denken müssen und sich oft gefragt, ob sie wohl noch am Leben sei. Nun freut er sich über die gute Nachricht, dass sie dank wirksamer Medikamente offenbar in guter Verfassung ist.

Damals, als er das Buch schrieb, entschloss er sich, das Projekt der *Memory Books* mit den ihm zur Verfügung stehenden Mitteln zu unterstützen. Seit er miterlebt hat, wie immer mehr Kinder ihre Mütter, ihre Väter oder gleich beide Elternteile verloren, wird er nicht müde, auf die sich stetig vergrößernde Aidstragödie aufmerksam zu machen. Schon heute leben neben zwei Millionen Kindern, die mit HIV infiziert sind, zwölf Millionen Aidswaisen in Afrika. Von ihren Großfamilien können sie nur teilweise aufgefangen werden, denn es gibt immer weniger funktionierende Familienverbände. Aids hat eine zersetzende Wirkung. Laut UNICEF wird sich die Zahl der Aidswaisen bis 2010 voraussichtlich auf 15,7 Millionen erhöhen. Dass den Kindern, die ihre Eltern verloren haben, wenigstens ihre Geschichte und Identität erhalten bleibt, dafür werden die *Memory Books* geschrieben, die »Bücher der Erinnerung«.

Joyce hat ebenfalls ein Erinnerungsbuch angefertigt. Sie hat es vor allem für Esther geschrieben, die Tochter ihrer an Aids leidenden Schwester, die so schwer krank ist, dass sie ihr Kind nicht versorgen kann. Joyce ist in die Bresche gesprungen und für die Nichte zur Ersatzmutter geworden. Sie ist dankbar für die Aufgabe, denn Esthers Gegenwart hilft ihr, den Verlust der eigenen Kinder zu ertragen.

»Esther, du bedeutest mir so viel«, schreibt sie im Erinnerungsbuch und daneben immer wieder die Ermahnung: »Pass auf dich auf, Aids ist tödlich. Lass dich später zusammen mit deinem Mann testen.«

Esther ist erst vierzehn Jahre alt und geht noch zur Schule. Sie zeigt sich uns gegenüber zwar etwas schüchtern, aber im Umgang mit anderen sehen wir eine aufgeweckte junge Frau.

Jeden Tag liest Joyce ihr aus dem Erinnerungsbuch vor. Zusammen blättern sie die Seiten durch und schauen sich Fotos an. Die Bücher folgen einem vorgegebenen Aufbau, der es den Familien erleichtern soll, die richtigen Dinge einzutragen. Es ist in Afrika meist nicht üblich, ein Tagebuch zu führen oder die eigene Familiengeschichte aufzuschreiben. Wenn familiäre Begebenheiten weitergegeben werden, geschieht dies in der Regel mündlich. Doch in einer Zeit, in der Mütter und Väter zu früh sterben, um ihren Kindern die Familiengeschichte zu erzählen, verlieren die Kinder die Verbindung zu ihrer Herkunft und den gemeinsamen Familientraditionen und damit ihre Identität. Sie wissen nicht, welchem Klan sie entstammen und wer ihre Verwandten sind. Dies ist jedoch überlebenswichtig, denn schließlich ist von den Klanmitgliedern am ehesten Hilfe zu erwarten, wenn die Eltern tot sind.

In Joyce' Erinnerungsbuch sind wir beim Kapitel »Besondere Vorkommnisse« angelangt. Hier berichtet die Verfasserin, dass es in ihrem Klan üblich ist, einem Baby erst dann einen Namen zu geben, wenn es zum ersten Mal lacht. Dann erhält es seinen Namen, und man träufelt ihm ein bis zwei Tropfen Bier ein. Das ist ebenso Brauch wie der Glaube, dass eine frisch vermählte Frau auf keinen Fall Hähnchen essen darf. Sonst steht zu befürchten, dass ihr Baby mit Hühnerbeinen zur Welt kommt.

In insgesamt zwölf Kapiteln wird so ziemlich alles thematisiert, was die Geschichte einer Familie ausmacht. Joyce füllt Tag für Tag mehr Seiten, das Schreiben ist ihr regelrecht zum Bedürfnis geworden. »Es verändert den Blick auf sich selbst und auf das Leben als Ganzes«, sagt sie uns. Sie ist dankbar, dass sie trotz Aids immer noch lebt und dass es gelingt, die Krankheit dank moderner Medikamente im Zaum zu halten. Im Gegensatz zu vielen Erkrankten will Joyce ihr Buch bis zum Ende vollschreiben. Viele HIV-Infizierte trauen sich nicht, die letzten Seiten zu füllen, weil sie glauben, dass mit dem Ende des Buches auch ihr Leben zu Ende geht.

Joyce hat sich ihre Kraft und Energie erhalten. Neben ihrem Beruf als Lehrerin, den sie über alles liebt, arbeitet sie in Tororo für *Plan International* und kümmert sich um viele aidskranke Frauen und Männer in den umliegenden Dörfern. Ihre größte Stärke ist ihre Unerschrockenheit, die auch vor Männern nicht haltmacht. Sie immer wieder anzusprechen, zum Gebrauch von Kondomen und zu einer Veränderung ihres Sexualverhaltens zu bewegen ist unabdingbar, denn es sind oftmals Familienväter, die ihre Frauen und über die Frauen die Kinder infizieren.

Und Joyce verteilt unermüdlich neue Erinnerungsbücher an erkrankte Frauen und Männern, damit sie ihr Leben niederschreiben. Zwar sind es meist Frauen, die diese Bücher führen, aber in den vergangenen Jahren hätten sich auch mehr und mehr Männer zum Aufschreiben bereit erklärt, das Verhältnis sei ungefähr zwei zu einem Drittel, sagt sie uns.

Dabei muss Joyce Achipa oft selbst zum Stift greifen, denn viele ihrer Patienten können weder lesen noch schreiben. Eigentlich sollen sie in Seminaren ermutigt werden, ihre Geschichte aufzuschreiben. Doch im Moment steht dafür kein Geld zur Verfügung.

Das Erzählen der Geschichte, der eigenen und die der anderen, ist in Henning Mankells Büchern ein wichtiges Motiv, das immer wieder auftaucht. Dinge in ihrer Gesamtheit wahrnehmen, sie aus ihrer zufälligen Zusammenhanglosigkeit befreien, ihnen das Weiterleben über ihre Protagonisten hin-

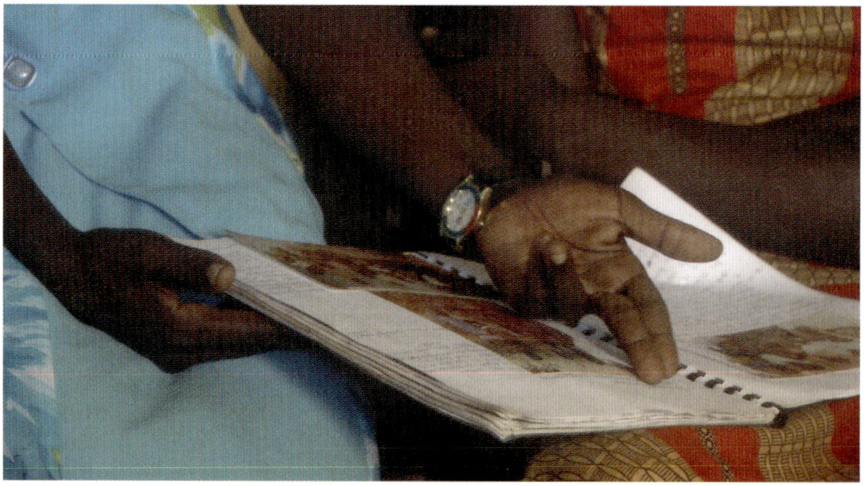

aus ermöglichen gehört für den Schriftsteller zum Menschsein. In den *Memory Books* sieht er die Chance, den Prozess der Weitergabe von Biografie, von Familiengeschichte und Beziehungsgeschichte auch denen zu ermöglichen, die sonst ihr ganzes Leben dem Kampf ums tägliche Überleben unterordnen.

In Joyce hat er – ohne dass sie seine Bücher und die darin enthaltenen Betrachtungen kennt – eine machtvolle Mitstreiterin gewonnen.

»Wir alle gehören zu der großen Geschichte, die keinen Anfang und auch kein Ende hat. Jedes Leben ist ein Abenteuer, eine Landschaft, in der viele Flüsse fließen und die Berge aus dem Dunst des fernen Horizonts hervortreten. Jeder Mensch ist ein Teil dieser unendlichen Geschichte, der großen Chronik des Menschen über sich selbst. Einem Teil von uns ist es nicht gegönnt, seine Geschichte zu Ende zu erzählen. Vielleicht gibt es deshalb so viel Schmerz in diesem Leben? Aber noch mehr Freude?« (aus: *Die flüsternden Seelen*)

Irgendwann wird das *Memory Book* von Joyce vollgeschrieben, ihre Geschichte zu Ende sein. Dann wird Joyce in der Erinnerung weiterleben, und andere – so hofft sie – werden ihren Platz einnehmen.

Das Schicksal einer HIV-Infektion teilt Joyce mit schätzungsweise zweiundzwanzig Millionen Menschen in Afrika südlich der Sahara. Rund zwölf Millionen von ihnen sind Frauen. Allein 2007 starben nach Angaben der Vereinten Nationen anderthalb Millionen an der Immunschwäche, 1,9 Millionen infizierten sich neu. Doch es gibt auch gute Nachrichten. Der starke und zunehmende Druck auf die Pharmakonzerne hat in den vergangenen Jahren dazu geführt, dass immer mehr HIV-Patienten auch in Afrika wirkungsvolle und bezahlbare Medikamente bekommen, die das Fortschreiten der Krankheit verlangsamen. Dieser Druck darf nicht nachlassen, damit nicht, wie die kanadische Journalistin Stephanie Nolen mit Bezug auf Aids schrieb, der »Völkermord aus Gleichgültigkeit« ungebremst weitergeht.

Henning Mankell nennt es ganz einfach Humanismus, wenn er über unsere Verpflichtung zur Hilfe spricht. Wenn dieses Wort für uns Europäer noch einen Sinn haben solle, dann sei es am ehesten in Bezug auf Afrika angebracht. Hier müsse sich der Humanismus in Solidarität äußern.

»Diese Erinnerungsbücher (...) könnten sich in vielerlei Hinsicht als die wichtigsten Dokumente unserer Zeit erweisen«, schrieb er in seinem Buch *Ich sterbe, aber die Erinnerung lebt.* Von anderer Seite sind sie – bezüglich ihrer Bedeutung für die Nachwelt – mit den Interviews der überlebenden Holocaustopfer in Beziehung gesetzt worden, die Steven Spielbergs *Shoah Foundation* weltweit geführt hat.

Noch sind es für Uganda nur an die zehntausend *Memory Books*, meist verfasst von Frauen und Müttern. Sie legen Zeugnis ab vom Leben, Lieben und Leiden jener Millionen, die, erkrankt an der unheilbaren Seuche, ihren frühen Tod vor Augen haben. So wie Joyce Achipa.

Für uns heißt es wieder Abschied nehmen. Tororo war unsere letzte Station in Uganda und der schwierigste Abschnitt unserer Reise. Wir sind es nicht gewohnt, so unmittelbar und auf so schockierende Weise mit dem Tod konfrontiert zu werden, schon gar nicht damit, dass in einem Dorf fast nur Todkranke leben und viele von ihnen noch Kinder und junge Leute sind.

Es sind – machen wir uns nichts vor – Tatsachen, die wir im Alltag lieber verdrängen. Aber es ist auch tröstlich, zu erleben, dass selbst in einem Dorf wie Kumi gelacht wird, dass auch hier Feste gefeiert und Witze erzählt werden. Der Tod und die Toten sind in Afrika Teil des Lebens, und sie gehören immer zu den Lebenden – das ist unsere Lektion, die wir mitnehmen.

Am letzten Abend in Uganda erzählt Henning Mankell uns von einem Erlebnis, das er auf einer früheren Reise nach Uganda hatte:

»Ich kam in ein kleines Dorf in der Nähe von Kampala. Eins von den vielen Dörfern, die von Aids schwer heimgesucht worden sind. Als ich im Schatten eines Baums saß und mit einigen der älteren Dorfbewohner sprach, sah ich ein junges Mädchen, vielleicht zwölf Jahre alt, das ein Stück entfernt stand und unserem Gespräch lauschte. Ich meinte zu verstehen, dass sie mit mir sprechen wollte. Später, als ich durchs Dorf ging, blieben wir plötzlich allein. Sie erzählte mit leiser Stimme, sie heiße Aida. Ein Name, der sich nur durch einen Buchstaben von Aids unterscheidet, dachte ich später. Aida hatte beide Eltern durch die Krankheit verloren. In der Hand hielt sie ein dünnes Heft, eigentlich nur ein paar scharf gefaltete Blätter. Sie reichte mir ihr kleines ›Buch‹. Ich schlug es auf. Darin lag ein blauer, gepresster Schmetterling. Aida sah mich an und sagte: ›Ich hatte eine Mutter, die blaue Schmetterlinge liebte.‹

So, durch diesen blauen Schmetterling, würde Aida sich immer an ihre Mutter erinnern. Und ich dachte bei mir, ob dies nicht eins der wichtigsten Bücher ist, die ich in meinem Leben gelesen habe …«

Dass die Geschichte vergangener Generationen in uns weiterlebt, davon wird auch in Malawi die Rede sein, dem nächsten Abschnitt unserer Reise.

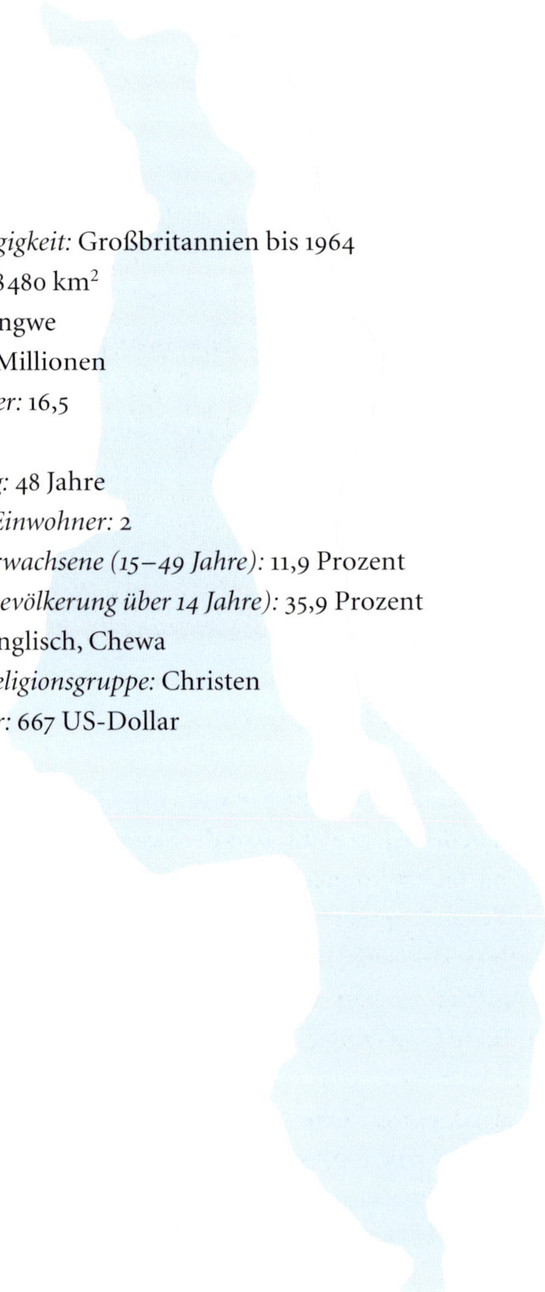

Gründung: 1390
Politische Abhängigkeit: Großbritannien bis 1964
Gesamtfläche: 118 480 km^2
Hauptstadt: Lilongwe
Einwohner: 13,9 Millionen
Durchschnittsalter: 16,5
Fertilität: 5,7
Lebenserwartung: 48 Jahre
Ärzte je 100 000 Einwohner: 2
HIV-infizierte Erwachsene (15–49 Jahre): 11,9 Prozent
Analphabeten (Bevölkerung über 14 Jahre): 35,9 Prozent
Amtssprachen: Englisch, Chewa
Überwiegende Religionsgruppe: Christen
BIP je Einwohner: 667 US-Dollar

MALAWI

Der Geruch Afrikas und die Wiege der Menschheit

Mit einem Flugzeug der Kenia Airways fliegen wir nach Lilongwe, der Hauptstadt Malawis. Der Flughafen ist so klein, dass die Passagiere zu Fuß von der Maschine zum Terminal laufen können. Trotz des frühen Morgens umfängt uns tropisch heiße Luft, geschwängert vom Duft der Blüten von den Blumenbeeten am Eingang. Einer der typischen Afrikagerüche, an die wir uns erinnern werden, wenn wir zu Hause an unsere Reise denken. Als wir das repräsentativ ausgebaute Flughafengelände hinter uns lassen, schlagen uns andere Gerüche entgegen. Es riecht nach Qualm, nach Verwesung und Müll – nach Armut. Henning Mankell, der in seinen Romanen immer wieder Gerüche schildert, wenn er einen Ort zum Leben erweckt, sagt über den Duft Afrikas:

»Seite an Seite der Gestank verwesenden Fleisches und der wunderbare Duft der Blumen – die Gerüche der Armut ebenso wie der klimatisierte Odem der

Macht (…). Den einzigen Geruch aber, den ich in Afrika wirklich identifizieren kann, ist der Geruch des Lebens selbst: voller Widersprüche … süß … bitter … Verfall und Leben in ein und derselben Luft, die ich in meine Lungen ziehe.«

Malawi zeigt sich uns von seiner besten Seite. Die Regenzeit ist erst vor Kurzem zu Ende gegangen, das Grasland der Hochebene schwelgt in üppigen Grüntönen, die sich im Laufe der Sommermonate in ockerfarbene Trockenheit verwandeln werden. Am Flughafen hat uns ein kahlköpfiger Mann von kräftiger, gedrungener Gestalt und tiefbrauner, fast schwarzer Hautfarbe mit einem herzlichen Lachen in Empfang genommen. Er heißt Harrison Simfukwe und wird uns zu unserem Reiseziel im Norden Malawis begleiten. Harrison Simfukwe ist beim Staat angestellt und darum der ideale Begleiter beim üblichen Parcours durch die Bürokratie. Wer den Hindernislauf zurückgelegt hat, dem winken am Ende – fein säuberlich unterschrieben und abgestempelt – die nötigen Papiere, die ihn unterwegs als einen von offizieller Seite erwünschten Journalisten ausweisen.

Auf der Fahrt nach Norden lassen wir uns von der Schönheit der Landschaft verzaubern. Eine unendliche Weite, über der sich weiße Wolkenschlösser türmen. Immer wieder ragen monolithische Felsblöcke, Hügel und riesige Bäume inmitten der Felder und Buschweiden empor. Am Straßenrand kommen uns ganze Karawanen von Menschen entgegen, Männer, Frauen und Kinder, die Holz, Wasser, Früchte, Stoffballen schleppen – meist in einer Menge, die für uns im wahrsten Sinn des Wortes untragbar wäre. Aber in Malawi besitzt kaum jemand so viel Geld, dass er oder sie sich einen fahrbaren Untersatz leisten kann. Selbst ein Fahrrad oder eine Busfahrkarte ist für viele unerschwinglich.

Touristen sind in Malawi – so scheint es uns – eher eine Seltenheit. Man begegnet ihnen, wenn überhaupt, in der Hauptstadt Lilongwe oder in den luxuriösen Resorts am Malawisee, der mit seiner Fläche von fast dreißigtausend Quadratkilometern nach dem Viktoria- und dem Tanganjikasee der drittgrößte See Afrikas ist.

Was uns in Malawi fasziniert, ist seine Ursprünglichkeit – wir atmen und sehen Afrika so, wie es wohl auch schon vor Jahrtausenden ausgesehen hat. Wenige Fahrstunden vor unserem Ziel, der Provinzstadt Karonga, wartet

einer der schönsten Streckenabschnitte unserer gesamten Reise auf uns: Wir überwinden eine Passhöhe, die Vegetation wird dichter, das Grün noch intensiver, und auf einmal bietet sich uns eine betörende Aussicht. Eine Tiefebene erstreckt sich vor uns, mittendrin, in tiefem Blau, der Malawisee. Der Horizont lässt ahnen, dass sich auf der anderen Seite eine weitere Bergkette erhebt.

Wir sind am Rift Valley, am Ostafrikanischen Graben. Diese geologische Formation, die zwei Kontinentalplatten voneinander trennt, durchzieht Ostafrika von Äthiopien bis Mosambik.

Wenig später erreichen wir Karonga. Wir wollen uns mit Friedemann Schrenk treffen, einem deutschen Paläoanthropologen und Professor der Universität Frankfurt am Main. Seit vielen Jahren führt er hier im Norden Malawis Ausgrabungen durch, die spektakuläre Funde erbracht haben. Der Ort selbst besteht aus einer reizlosen Ansammlung langsam vor sich hin modernder Häuser, ein paar Geschäften, wo es gerade das Nötigste zu kaufen gibt, und staubigen Straßen. An den Seiten stehen Männer jeden Alters, gestikulieren, verhandeln, dazwischen Frauen, die Getreide, Mais, Hirse und Reis verkaufen. In einer Kneipe, aus der laute Musik dröhnt, tanzen junge Männer. Die ersten hat der Rausch am frühen Nachmittag schon niedergestreckt.

Unser Hotel ist einfach, aber sauber. Außer seinen Gästen bietet es auch einem nachtaktiven Zoo Unterkunft. Wir merken bald, dass wir Gesellschaft bekommen von Geckos an der Wand, die nach den Mücken schnappen, von Fröschen unterm Klodeckel und vielen Insekten und Kleinstlebewesen, die sich zeigen, sobald es dunkel wird. Doch angesichts der frisch gewaschenen Bettwäsche und der unversehrten Moskitonetze sehen wir über unsere kleinen Zimmergenossen großzügig hinweg.

Friedemann Schrenk besucht uns am nächsten Morgen im Hotel. Seine schwäbische Herkunft ist unüberhörbar, aber neben Frankfurt am Main ist ihm Malawi zur zweiten Heimat geworden. Mehrere Monate im Jahr verbringt er in Karonga, wo er seine Forschungen über unsere frühesten Vorfahren fortsetzt. Hier erlebte er am 11. August 1991 den aufregendsten Moment seines Forscherlebens. Der Professor leitete damals zusammen mit seinem amerikanischen Kollegen Tim Bromage die Grabungen in Malawi. An jenem Tag brachte ihm einer seiner Mitarbeiter, Tyson Mskika, einen in zwei Hälften zerbrochenen Unterkieferknochen mit großen, kräftigen Zähnen. Der Knochenfund erwies sich bald als wissenschaftliche Sensation. Eine eingehende Untersuchung bestätigte, was Friedemann Schrenk und seine Kollegen vermutet hatten: Der Kieferknochen gehört zum Schädel eines »Homo rudolfensis«, des ältesten Vertreters der menschlichen Gattung. Benannt nach der ersten Fundstelle, dem Rudolfsee – heute Turkanasee –, gilt er als Urahn des Homo sapiens, unserer eigenen Spezies.

Die These, dass sich im afrikanischen Rift Valley die Wiege der Menschheit befindet, hatten zuvor bereits Knochenfunde von Hominiden (»Lucy«) in der äthiopischen Afar-Wüste, dem nördlichen Ende des Ostafrikanischen Grabens, und am Turkanasee in Kenia nahegelegt. Der Kiefer des »Uraha-Mannes«, wie Friedemann Schrenk ihn nach dem Fundort benannte, gilt bis heute als der älteste Knochenfund der menschlichen Gattung überhaupt. Er ist 2,5 Millionen Jahre alt.

Und er liefert erneut den Beweis: Der erste Mensch war Afrikaner.

Das Schild an dem etwas heruntergekommenen Steinhaus am Rande einer staubigen Piste weist mit eigenwilliger Orthografie den Weg zu *Proffesors House*. Ein Rudel sandfarbener Hunde undefinierbarer Rasse wacht über das Grundstück.

Der Professor hat das Haus erst vor wenigen Jahren angemietet, obwohl er sich schon zwanzig Jahre lang in der Umgebung von Karonga mit Ausgrabungen beschäftigt. Davor hatten Friedemann Schrenk und seine Mitarbeiter in Zelten genächtigt, was mit steigendem Personal und wachsender Ausrüstung immer schwieriger wurde.

Als er mit den Ausgrabungen begann, waren große Widerstände zu überwinden. Die Anwohner beschimpften die Forscher als »Blutsauger« und »Knochenausbuddler«. Sie verstanden nicht, was die Wissenschaftler mit ihren Grabungen bezweckten. Denn unter der Erde – so der Glaube hier – hat der Lebende nichts zu suchen. Dort ruhen die Vorfahren, und sie dürfen auf keinen Fall gestört werden. Sonst spuken sie als Geister im Leben der Menschen herum und bringen Unheil.

Friedemann Schrenk musste viel Überzeugungsarbeit leisten, den Leuten immer wieder versichern, dass er nicht ihre Vorfahren stören wollte, dass es ihm vielmehr um wissenschaftliche Erkenntnisse ging, die auch für die Menschen hier von großer Wichtigkeit waren.

Die Bürgermeister der umliegenden Dörfer wurden eingeladen, sich selbst davon zu überzeugen, dass alles mit rechten Dingen zuging. Auch dass sie bei Problemen auf die Hilfe des Forschers rechnen konnten, trug dazu bei, das Wohlwollen der lokalen Autoritäten zu gewinnen.

Als dann Tyson Mskika besagten Kieferknochen fand und die Untersuchungsergebnisse bekannt wurden, gerieten alle aus dem Häuschen. Der erste Mensch kam aus Karonga? Hier sollte die Wiege der Menschheit stehen? Das änderte die Lage völlig. Der Widerstand gegen Friedemann Schrenk und seine Mitarbeiter verwandelte sich in Stolz.

Henning Mankell und der deutsche Professor finden sofort Gefallen aneinander. Ihnen beiden geht es um mehr als um die wissenschaftliche Sensation. Sie hegen beide die Hoffnung, dass das Wissen um unsere afrikanische Herkunft uns Europäern einen anderen Zugang zu Afrika eröffnen könnte. Sie möchten im Bewusstsein der Öffentlichkeit verankern, dass Afrika nicht nur ein Teil unserer Geschichte ist. Wir haben Afrika auch in unseren Genen, daher können wir uns der Verantwortung für diesen Kontinent und seine Menschen nicht entziehen. Und daher liegt es in unserem ureigensten Interesse, unsere Wurzeln in Afrika zu entdecken. Wie Henning Mankell in seinen Veröffentlichungen mehrfach erwähnt hat, hatte er bei seiner ersten Reise nach Afrika das Gefühl einer Heimkehr. Ein Gefühl, das durch das Wissen um die afrikanische Herkunft in einem neuen Licht erscheint.

»Ich kam zum ersten Mal im November 1972 nach Afrika. Das ist lange her, eine ganze Generation. Ich hatte Geld für eine Reise nach Westafrika zusammengespart und kam nach Guinea-Bissau, das damals noch eine portugiesische

Kolonie war. Ich weiß noch, dass ich beim Aussteigen aus dem Flugzeug nach dem langen Flug das spontane und eigentümliche Gefühl hatte, nach Hause gekommen zu sein. Das Gefühl war weder sentimental noch romantisch, es war einfach da, und es war stark. Es lag nicht nur an der Wärme und all den starken, magischen Düften, die mir in die Nase stiegen, es war etwas, das viel tiefer ging. Warum ich dieses Erlebnis von ›Heimkehr‹ hatte, weiß ich heute noch nicht. Ich glaube auch nicht mehr, dass die Antwort mich wirklich interessiert. Aber in meiner Familie gab es weder Missionare noch Seeleute. Es gab keine frühere Beziehung zu Afrika. In meiner Kindheit war Afrika das Ende der Welt gewesen. Weiter fortzukommen, war nicht möglich.

Heute denke ich manchmal, dass es in mir vielleicht immer noch, wie bei anderen, einen winzigen Splitter jenes Gens gibt, das der Träger unseres Urinstinkts ist; dass wir alle von ebendiesem Kontinent herstammen. Wir haben alle in ferner Vergangenheit eine schwarze Urmutter. Afrika ist und bleibt unsere Heimat. In dem unbewussten Dunkel, das wir in uns tragen, steckt immer noch der Nomade …«

Friedemann Schrenk erklärt uns, was die Gegend um Karonga aus geologischer Sicht so spannend macht. Auf engstem Raum finden sich Schichten aus drei verschiedenen Erdzeitaltern. In den ältesten, den »Karroo-Schich-

ten«, lebten vor zweihundert bis zweihundertvierzig Millionen Jahren die Vorfahren der Säugetiere. Aus den darauf folgenden »Dinosaurier-Schichten« – vor etwa hundert Millionen Jahren – sind Überreste der Tiere erhalten, die jenem Zeitalter den Namen gaben.

Und schließlich die »Chiwondo-Schichten«, die man auf ein Alter von 0,5 bis fünf Millionen Jahre datiert. Hier wurde der Uraha-Mann gefunden.

Die Forschungen von Friedemann Schrenk und seinem Team gelten nicht nur Fossilien und Knochen, sondern auch den Umweltbedingungen, mit denen Menschen und Tiere jener Epochen zurechtkommen mussten. Wie haben wir uns das Leben des Uraha-Mannes vorzustellen? Die Landschaft sah vermutlich ähnlich aus wie im heutigen Malawi: Baumsavanne, Buschland, bewaldete Gebiete mit Tieren, die ihren heutigen Nachfahren ähnelten. Die Urmenschen waren noch nicht in der Lage, sie zu jagen, wussten sich aber vor ihnen zu schützen und ergänzten ihre pflanzliche Nahrung wahrscheinlich mit dem Fleisch toter Tiere. Und sie hatten die Fähigkeit erworben, einfaches Werkzeug herzustellen und zu benutzen. Die Fundorte des Homo rudolfensis, die über das ganze Rift Valley von Äthiopien bis Malawi verteilt liegen, sagen uns, dass die Urmenschen weite Strecken zurücklegten. Sie waren also keinesfalls sesshaft.

Friedemann Schrenk ist es ein Herzensanliegen, dass die Leute aus Karonga und Umgebung von dem profitieren, was die Grabungen ergeben haben. Er will ihnen, wie er sagt, ihre Geschichte zurückgeben. Das heißt ganz konkret, dass er davon abriet, die Funde und Modellkonstruktionen in die Hauptstadt zu verfrachten, um sie dort von Touristen bestaunen zu lassen. Vielmehr sollten sie in einem örtlichen Museum aufbewahrt und ausgestellt werden. Das setzte voraus, dass in Karonga ein Museum gebaut werden musste.

Friedemann Schrenk startete eine Spendenkampagne und beantragte Fördergelder. Mit Erfolg: Der Plan gelang. In Harrison Simfukwe, unserem Begleiter, fand er einen Mitstreiter, der heute Kurator des Museums ist. Aber auch viele junge Frauen und Männer aus Karonga arbeiten für das Museum, organisieren Führungen und halten Vorträge vor Schulklassen. So ist das moderne helle Gebäude, das in der Form eines Dinosaurierrückens erbaut wurde, nicht nur eine Aufbewahrungsstätte von Zeugnissen der Vergangenheit. Es ist auch zum Vehikel für Bildung und ein neues Selbstbewusstsein geworden. Liefert das Museum doch den Beweis, dass Karonga auf eine lange Geschichte zurückblicken kann und die Menschheit hier ihren Anfang genommen hat.

Archibald Kapote und die Geschichte der Ngonde

Das Museum beherbergt neben den prähistorischen Funden auch Zeugnisse der Geschichte der Ngonde, des Volkes, dem etwa ein Drittel der Menschen im Karonga-Distrikt angehört. Im Museum treffen wir Archibald Kapote Mwakasungula, einen direkten Nachfahren der Ngonde-Herrscher.

Er ist nicht nur eine lokale Autorität, er gehört auch zu den Intellektuellen des Landes, die sich nicht scheuen, unangenehme Wahrheiten offen auszusprechen.

Seinem Auftreten ist die vornehme Herkunft auf den ersten Blick nicht anzumerken, Kleidung und Statusmerkmale bedeuten ihm offensichtlich nicht viel. Doch führt er immer einen Stock mit sich, aber nicht als Gehhilfe – er ist über sechzig –, sondern als Zeichen seiner königlichen Abstammung.

Archibald Kapote freut sich über den Besuch aus Europa und darüber, dass wir uns für die Geschichte seines Volkes interessieren.

Ursprünglich waren die Ngonde, wie er uns erzählt, aus dem südlichen Tansania, wo noch die mit ihnen verwandten Nyakyusa leben, nach Süden übergesiedelt, ins heutige Malawi. Am Nordufer des Malawisees fanden sie fruchtbares Land und reichlich Wasser, es mangelte an nichts. Es war der ideale Ort, um Bananen, Mais und andere Früchte anzubauen.

Archibald möchte uns die Spuren der Geschichte seines Volkes zeigen. Mit dem Geländewagen fahren wir auf einer Schotterpiste etwa eine halbe Stunde nach Westen, bevor er uns bittet, vor einem Schulgebäude zu parken. Er führt uns auf einem kurzen, aber beschwerlichen Fußweg durch dichten Wald einen Hügel hinauf, den Mbande-Hill.

Wir finden Granitsteine mit flachen Vertiefungen in der Mitte. Nur ein geübtes Auge erkennt, dass sie von Menschenhand angeordnet und bearbeitet wurden. Hier war der Sitz des Kyungu – so nannten die Ngonde ihren König – und seiner engsten Verwandten. Das übrige Volk hatte keinen Zutritt zum Königshof und siedelte unten in der Ebene. Die jetzt so beschaulich wirkende Idylle war in der zweiten Hälfte des 19. Jahrhunderts ein Ort des Schreckens.

Archibald Kapote erzählt von dem arabischen Sklavenhändler Mlozi, der mit einer kleinen, aber gut bewaffneten Armee im Ngonde-Land einfiel und seinen Menschenhandel betrieb. Viele Bewohner wurden von seinen Männern in Ketten gelegt, an die Küste verschleppt und auf dem Sklavenmarkt von Sansibar verkauft. Eine große Zahl von ihnen starb unterwegs auf dem beschwerlichen Marsch.

Der britische Forschungsreisende David Livingstone, der in jenen Jahren das südliche Ostafrika bereiste, war schockiert, als er die Gräueltaten der Sklavenhändler entdeckte: »Wir stießen des Öfteren auf Sklaven, die ster-

bend an einen Baum gebunden waren, andere wieder fanden wir erstochen oder erschossen in ihrem Blute liegend. Immer wieder bekommen wir die gleiche Erklärung zu hören: Der Sklavenhalter tötet die Sklaven, die die Marschgeschwindigkeit seiner Karawane nicht halten können, und verfolgt damit einen doppelten Zweck: Die Überlebenden werden eingeschüchtert und geben danach ihre letzte Kraft her, um den Weg fortsetzen zu können.«

Livingstones Kampf gegen die Sklaverei machte ihn unter den arabischen Sklavenhändlern verhasst, trug aber dazu bei, dass der Sklavenhandel in Misskredit geriet und in den englischen Kolonien verboten wurde.

Auch wie der grausame Sklavenhändler Mlozi sein Ende fand, weiß Archibald Kapote zu berichten. Unweit von Mbande-Hill führt er uns durch ein Maisfeld zu einem dampfenden Tümpel, in dem gerade junge Frauen mit ihren Kindern die Morgenwäsche erledigen.

»Genauso wie diese Frauen haben auch Mlozi und seine Männer hier in den heißen Quellen gebadet. Sie waren nackt, ihre Waffen hatten sie am Ufer abgelegt.« So ist es zu erklären, dass die schottischen Missionare mit Hilfe englischer Soldaten vor Ort die Sklavenhändler gefangen nehmen und vor Gericht stellen konnten. Tod durch Erhängen lautete das Urteil.

Ein Baobab in der Nähe des Hauses von Friedemann Schrenk, ein Ungetüm von Baum, der älter als zweihundert Jahre und in alle Himmelsrichtungen verwachsen und verwurzelt ist, diente den Henkern 1895 als Galgen. Der Sklavenhandel von Malawi nach Sansibar fand mit Mlozis Tod sein Ende.

Wir denken an Gorée, die Sklaveninsel vor der Küste Senegals, an die Tür ohne Wiederkehr. Der Sklavenhandel war vielleicht die blutigste Wunde, die dem afrikanischen Kontinent und seinen Menschen geschlagen wurde. Im Zusammenspiel von arabischen und afrikanischen Sklavenhändlern mit skrupellosen europäischen Menschenhändlern. Und erst als der Aufschrei in den europäischen Ländern zu laut wurde, stellten dieselben, die den Sklavenhandel lange Zeit zu ihrem Nutzen toleriert und gefördert hatten, ihn schließlich ein.

Es ist paradoxerweise das größte Verdienst der Kolonialherren, dass sie ein Übel – die Sklaverei – ausgerottet haben. Aber sie brachten das nächste Übel, eines, unter dessen Spätfolgen Afrika bis heute leidet.

Archibald Kapote führt uns zu den Gräbern der schottischen Missionare, die damals den Ngonde halfen, sich vom Joch des Sklavenhandels zu befreien. Es sind einfache Steinkreuze unter einem riesigen Baobab, überwuchert von tropischen Schlingpflanzen, sichtlich kein offizieller Friedhof. Man könne die Gräber nicht besser instand halten, sagt Archibald entschuldigend, da jede Rodungsarbeit, jede gärtnerische oder bauliche Maßnahme von den heutigen Eigentümern dieses Stücks Erde sofort misstrauisch beäugt würde und man sich der unerlaubten Landnahme verdächtig mache. Land ist ein heikles Thema in Malawi, denn es ist knapp, und Streitigkeiten eskalieren schnell.

Archibald Kapote ist es wichtig, dass wir nicht denken, der Zustand der Gräber sei in Respektlosigkeit gegenüber den Toten begründet. Im Gegenteil erfreuten sich die schottischen Missionare großer Beliebtheit, gerade weil sie im Kampf gegen die Sklavenhändler ja Verbündete der Ngonde waren. Als Beleg führt er an, dass sein Großvater, der Kyungu, seinen Sohn, also Archibald Kapotes Vater, auf die Missionsschule nach Livingstonia schickte, wo dieser katholisch erzogen wurde. In der Tat gab es große Übereinstimmungen zwischen dem traditionellen Glauben der Ngonde und dem Christentum, denn die Ngonde verehrten ebenfalls nur einen Gott.

IN MEMORY
OF
JAMES STEWART C. E.
BORN AT CARMICHAEL, SCOTLAND,
DECEMBER 25TH 1844,
DIED AT MPATA, KARONGA,
AUGUST 30TH 1883.
Prepare ye the Way of the LORD
Make His Paths Straight

Dennoch sieht Archibald den Einfluss der christlichen Missionare heute viel skeptischer als damals sein Großvater. Die Übernahme des Christentums war auch ein Akt der Assimilierung, die Ngonde haben die eigene Identität preisgegeben und sich fremden Denkweisen untergeordnet.

Die schottischen Missionare waren letztlich, wenn auch unabsichtlich, die Wegbereiter für jene, die nach ihnen kamen, in weniger selbstloser Absicht. Als marxistisch geschulter Intellektueller hat Archibald Kapote dafür das Wort vom Paradoxon der Missionare erfunden. Sie brachten einerseits Erziehung, eine gewisse Grundbildung und Freiheit vom Sklaventum, andererseits aber auch eine neue Unterdrückung durch Christentum und Kommerz, was sie oftmals mit dem Wort Zivilisation verbrämten (im Englischen spricht man von den drei C's: *christendom, commerce, civilization*).

Dass Malawi in den Blickpunkt der europäischen Kolonialmächte geriet, hat es nicht zuletzt den Forschungsreisen David Livingstones zu »verdanken«. Er entdeckte 1859 den Malawisee, dem er den Namen »Lake Nyassa« gab, Njassasee. Der Name »Njassa«, nach dem später die gesamte Kolonie benannt wurde, beruht auf einem Missverständnis: Livingstone fragte die Anwohner nach dem Namen des Sees, und sie antworteten ihm »Njassa«. Dass das Wort in der örtlichen Sprache einfach »Wasser« bedeutete, entging dem weit gereisten Forscher.

1891 wurde das heutige Malawi unter der Bezeichnung *Central Africa Protectorate* in das britische Kolonialreich eingegliedert, bis es 1907 in Njassaland umbenannt wurde. Der Anteil weißer Siedler blieb jedoch – im Unterschied zu Rhodesien – stets gering. Njassaland diente den Briten vor allem als Reservoir billiger Arbeitskräfte, die auf den Plantagen und in den Minen der Nachbarländer Rhodesien und Südafrika eingesetzt wurden.

Archibald Kapote und Henning Mankell teilen die Überzeugung, dass der Kolonialismus die Wurzel der Missstände des heutigen Afrika ist. Damit stehen sie abseits des aktuellen Trends, der mangelnde Regierungsfähigkeit der Eliten, Korruption, ethnisches Denken und unzulängliche Rechtssysteme als Hauptübel der afrikanischen Staaten betrachtet. Dem Kolonialismus wird dabei nur noch eine Nebenrolle, wenn auch eine bedeutende, zugebilligt.

Henning Mankell ist hingegen der Auffassung, dass der Westen und Amerika es sich zu leicht machen, wenn sie die koloniale Vergangenheit völlig ausblenden. Aus eigener Bequemlichkeit, fehlender Bereitschaft zu wirksamer Entwicklungszusammenarbeit und aus Opportunismus würden sie die afrikanischen Staaten rundherum beschuldigen, all ihre Plagen seien »hausgemacht«.

»Es wäre nicht nur widersinnig, sondern auch eine unanständige Lüge, wollte man die Bedeutung der langen Periode kolonialer Übergriffe in Afrika ausklammern. Bei manchen Historikern und anderen Wissenschaftlern besteht heute eine Tendenz, die Auswirkungen des Kolonialismus kleinzureden und stattdessen auf all die Fehlleistungen und politischen Übergriffe hinzuweisen, die es seit der Befreiung und Erlangung der Selbständigkeit der Länder Afrikas gegeben hat. Eine solche Sichtweise muss meiner Meinung nach bekämpft werden. Man wird nie um die Tatsache herumkommen, dass aus Jahrhunderten mehr oder weniger totaler kolonialer Kontrolle über die Länder und Völker Afrikas eine grundlegende Schuld für alle gegenwärtigen Probleme erwachsen ist. Als ein Land wie beispielsweise Mosambik im Jahre 1975 selbständig wurde, gab es zehn Mosambikaner mit einer höheren akademischen Ausbildung. Zehn! Daraus ergibt sich von selbst, dass dieses Land große Probleme bekommen musste, bevor das Niveau des Wissens und der Bildung einen vertretbaren Stand erreicht hatte.

Andererseits muss man unterstreichen, dass das koloniale historische Erbe nicht in alle Ewigkeit für das verantwortlich gemacht werden kann, was heute in Afrika geschieht. Ich erinnere nur daran, dass man, um sicher Auto zu fahren, regelmäßig in den Rückspiegel sehen muss …«

Der aktuelle Präsident Bingo wa Mutharika regiert eines der ärmsten Länder der Welt. Zu den Ursachen der Armut gehört neben Landknappheit, schlechtem Bildungsstand und rudimentärer Wirtschaftsentwicklung auch die hohe Rate der HIV-Infizierten und Aidskranken, die zu einer bestürzend hohen Quote von Waisen und Halbwaisen geführt hat. Die Kinder früh verstorbener Eltern – man findet sie heute überall im Afrika südlich der Sahara. Die Aufmerksamkeit westlicher Medien richtete sich 2007 auf die malawischen Waisenkinder, als die Sängerin Madonna nach heftigen Widerständen ihren Adoptivsohn David aus Malawi mit nach Hause nahm. Damals ging ein Aufschrei durch die Medien, und in Malawi formierte sich eine regelrechte Protestbewegung, die forderte, der kleine David sollte in seiner Heimat aufwachsen. »Haben wir Afrikaner es nötig, unsere Kinder an weiße Reiche zu verkaufen?«, war der polemische Tenor, doch auf unserer Reise hören wir andere Stimmen. Die meisten sagen, dass dem Jungen nichts Besseres hätte passieren können als die Adoption nach Europa. »Immerhin hat er jetzt die Chance auf eine Berufsausbildung, und vielleicht erinnert er sich später an seine Wurzeln und kehrt nach Malawi zurück«, so oder so ähnlich lauten viele Kommentare. In dieser Frage gibt es keine einfache Wahrheit.

Die Auslandsadoption ist aber nur für einzelne Kinder eine Chance. Für die Mehrheit der malawischen Waisen müssen im Land selbst ein Zuhause und eine Perspektive geschaffen werden.

Denn das Land hat durchaus das Potenzial für eine günstige Entwicklung: Die verschiedenen Völker leben trotz gelegentlich wiederkehrender Spannungen und Rivalitäten friedlich zusammen, der Boden ist fruchtbar, es ist genügend Trinkwasser vorhanden, und Malawi erhält reichlich Unterstützung von außen. Nach einem Schuldenerlass, den Internationaler Währungsfonds und Weltbank 2006 verfügten, wurde Malawi von neunzig Prozent seiner Schuldenlast befreit, und im Februar 2007 erhielt das Land von der ehemaligen Kolonialmacht Großbritannien, der wichtigsten Gebernation Malawis, zweihundertachtzig Millionen Pfund Entwicklungshilfe.

Rohstoffe *oder* Warum selbst Reichtum in Afrika ein Fluch sein kann

Dass Archibald Kapote aktiv am politischen Leben teilnimmt, macht ihn in Karonga nicht immer beliebt. Seinen großen Auftritt hatte er, als eine australische Minengesellschaft, Paladin, daranging, die Uranvorkommen im Norden Malawis auszubeuten. Henning Mankell interessiert sich brennend für diese Geschichte, hat er doch gerade in seinem Roman *Der Chinese* die Ausbeutung der Rohstoffe Afrikas durch fremde Mächte zur Grundlage eines packenden Thrillers gemacht.

Wir machen uns auf den Weg zu dem Minengelände. Schwere Lastwagen und Baufahrzeuge donnern uns entgegen. Im Internet haben wir bereits entdeckt, wie die australische Firma Paladin Africa um Aktionäre wirbt:

»Angesichts der Prognose, dass der Uranmarkt mittel- und langfristig stark bleiben wird, bietet das Kayelekera-Projekt exzellente Möglichkeiten sowohl für Malawi als auch für die Aktionäre von Paladin.«

Eine offizielle Drehgenehmigung hatten wir nicht erhalten. Man empfahl uns stattdessen, in einer benachbarten Kohlemine zu drehen. Wir könnten – so der telefonische Rat eines Paladin-Sprechers – uns dennoch gern einen eigenen Eindruck verschaffen und die zukünftige Mine von einer nahe gelegenen Anhöhe filmen.

Als wir ein paar Hundert Meter vor dem Eingang der Mine einen vorbeifahrenden Schwertransporter aufnehmen, hält ein weißer Jeep neben uns. Ein kleiner, bullig wirkender Weißer mit Schnurrbart steigt aus, fragt uns, was wir hier tun. Auf unsere bereitwillige Auskunft hin zischt er: »Das kommt überhaupt nicht in Frage!«

Der Mann, offensichtlich Mitarbeiter von Paladin Africa, greift wütend zum Handy, weiß aber nicht so recht, wie er vorgehen soll. Schließlich fährt er weiter, offensichtlich hat er keine Handhabe gegen uns. Sein grobes Auf-

treten lässt aber vermuten, dass sich das Unternehmen von einer medialen Öffentlichkeit nur Nachteile verspricht.

Als wir uns vor Wochen um die Drehgenehmigung bemühten, wurden wir schließlich mit der Aussicht vertröstet, dass wir mit einem Vertreter der Paladin Africa Ltd. vor Ort, in Karonga, ein Interview machen könnten. Unsere Versuche, das Interview in die Tat umzusetzen, verlaufen jedoch im Sande. Unbeantwortete E-Mails, Ausflüchte, nicht erfolgte Rückrufe signalisieren unmissverständlich, dass wir unerwünscht sind.

Wir haben von Archibald Kapote erfahren, dass Paladin Africa der malawischen Regierung ein Trinkwasserprojekt für den Distrikt Karonga im Wert von mehreren Millionen Dollar versprochen hat, sozusagen als Gegenleistung für die Minenkonzession. Außerdem wurden auch den betroffenen Gemeinden Finanzierungen für kleine Projekte in Aussicht gestellt. Danach hatte die Mehrzahl ihren anfänglichen Widerstand gegen den Uranabbau aufgegeben. Sie hatten befürchtet, dass das Abwasser der Mine die Zuflüsse des Malawisees radioaktiv verseuchen würde.

Wie kam es zu dem Meinungsumschwung? Eine der lokalen Autoritäten, Harris Mweso, ist im Dorf Kayelekera bereit, mit uns zu sprechen. Er zeigt uns ein paar Dutzend Schulbänke mit starken Gebrauchsspuren – die seien

eine Spende der Australier, außerdem hätten sie drei Brunnen gebaut. Jetzt sei er einverstanden mit der Mine, die Australier hätten ja bewiesen, dass sie es gut mit den Menschen hier meinten. Ansonsten würde die Regierung in Lilongwe sie schon warnen, wenn irgendetwas schiefginge. Auch die Regierung habe ihnen guten Willen gezeigt, indem sie vier weitere Brunnen habe bauen lassen. So einfach ist das.

Archibald Kapote ist enttäuscht, dass seine ehemaligen Mitstreiter sich im Kampf gegen die Mine so leicht umstimmen ließen. Er ist nach wie vor der Überzeugung, dass die Sache zum Himmel stinkt. »Warum spendieren sie uns denn ein neues Trinkwasserreservoir, wir haben ja genügend sauberes Trinkwasser. Das zeigt doch, dass sie selbst nicht sicher sind, ob unser Wasser sauber bleibt!« Zwar hatte ein Gutachten der australischen Gesellschaft die Unbedenklichkeit bescheinigt, aber nach Archibald Kapote war dies kein unabhängiges Gutachten. Dagegen habe Gavin Mudd, Professor für Umwelttechnik an der Monash University in Melbourne, betont, dass die Minengesellschaft mit einem Gutachten dieser Art in Australien nicht durchgekommen wäre.

Offenbar wird den Bedenken der örtlichen Bevölkerung nicht mit Sachargumenten und unabhängigen Gutachten Rechnung getragen. Verspre-

chungen, deren Einlösung noch aussteht, sollen die Befürchtungen aus der Welt schaffen.

Im Garten des Museums – so erzählen uns Archibald Kapote und Friedemann Schrenk – haben sie sich damals getroffen, um das gemeinsame Vorgehen gegen Paladin Africa zu diskutieren. Auch wenn der Protest jetzt erst mal im Sande verlaufen sei, das Minengelände ausgebaggert und der Abbau bald beginnen würde – es war doch ihr großer Anlauf in Sachen Basisdemokratie. Sie hatten sich gegen die von der Regierung in Lilongwe bereits gefällten Entscheidungen zusammengefunden, um eigene Wege zu beschreiten. Das allein ist schon viel wert in einem noch immer von Jahrzehnten autoritärer Einparteienherrschaft geprägten Land, in dem eine abweichende Meinung einen langen Gefängnisaufenthalt bedeuten konnte.

Im Museum führt eine Schlange aus Kieselsteinen, in den Boden zementiert, als eine Art Entwicklungspfad durch die Ausstellung. Es ist ein langer Weg von den Dinosauriern bis zur Demokratie.

Die Jagd nach Rohstoffen ist das vorerst letzte Kapitel der Ausbeutung Afrikas durch die industrialisierten Länder. Erdöl, Diamanten, Kupfer, Koltan und eben auch Uran versprechen hohe Gewinne, allerdings immer mit dem

Risiko, dass im Falle einer kriegerischen Auseinandersetzung das investierte Kapital verloren ist.

Die Chinesen haben im Augenblick die Nase vorn, was die Erschließung afrikanischer Erdölvorkommen angeht. Ein Volk von 1,3 Milliarden Menschen auf dem Weg in das Industriezeitalter – da entsteht ein unermesslicher Hunger nach Öl und anderen Rohstoffen. Bedenken, bei der Ausbeutung den »Pakt mit dem Teufel« zu schließen, wie zum Beispiel im Sudan, einem Land massiver Menschenrechtsverletzungen, spielen für die chinesische Regierung und ihre Unternehmer kaum eine Rolle.

Fragen wir uns aber noch einmal, warum den Afrikanern ihr großer Reichtum an Rohstoffvorkommen kein Glück bringt. Und sogar eher das Gegenteil der Fall ist.

Nigeria, das im Golf von Guinea knapp drei Millionen Barrel Rohöl pro Tag fördert, erlebt seit dem Ölboom eine beispiellose Welle der Gewalt. Bewaffnete Milizen versuchen im Nigerdelta, ihren Anteil am schwarzen Gold zu sichern, Bestechungsgeld ist für alle Nigerianer, die mit dem Öl in Verbindung stehen, zum »täglichen Brot« geworden, von den lokalen Behörden bis in höchste Regierungskreise. Die Armut der breiten Bevölkerung wächst trotzdem weiter.

Diese Diagnose trifft für fast alle Länder Afrikas zu, die über reiche Rohstoffvorkommen verfügen. Die Korruption schnellt in die Höhe, gewaltsame Auseinandersetzungen nehmen dramatisch zu, und andere Wirtschaftszweige wie zum Beispiel die Nahrungsmittelproduktion werden vernachlässigt. Die Armut der meisten Menschen nimmt zu statt ab.

Warum aber gelingt es in Afrika nicht, den Reichtum in Wohlstand für die Bevölkerung zu verwandeln? So wie zum Beispiel in Norwegen, wo der Reichtum an Erdgas der gesamten Bevölkerung zu Prosperität, märchenhaften Sozialleistungen und Vollbeschäftigung verhilft?

Die Erklärung ist einfach: Es gibt in Afrika südlich der Sahara kaum einen Staat, der nach unseren europäischen Prinzipien »funktioniert«. Denn eine Regierung, die sich als Sachwalterin des Allgemeinwohls versteht und einem wirksamen Rechtssystem verpflichtet ist, kann man im Afrika südlich der Sahara lange suchen. Die Loyalität zum Staat, zur Nation, wie wir sie in Europa nach vielen Jahrhunderten der Feudalherrschaft, der Glaubenskriege, der Revolutionen schließlich gefunden haben, hat sich im postkolonialen Afrika, dessen nationale Grenzen im Wesentlichen von den Kolonialmächten festgelegt wurden, nur unzureichend entwickelt. Deshalb spielen Günstlingswirtschaft und Korruption eine so verheerende Rolle. Und je mehr Geld im Spiel ist, desto heftiger wird geschmiert und geschoben.

Nach außen wahrt man gleichwohl den Schein. Ausländische Firmen müssen ihre Konzession (zum Beispiel zur Rohstoffförderung) beim zuständigen Ministerium beantragen. Dieses entscheidet dann in Absprache mit anderen Ressorts, gegebenenfalls auch mit lokalen Behörden oder – wie in Malawi der Fall – in Abstimmung mit traditionellen Autoritäten, ob die Erteilung der Konzession der betroffenen Bevölkerung zuträglich ist.

Nun aber beginnt das Dilemma: Viele der politischen Entscheidungsträger und Autoritäten nehmen für ihre Unterschrift Schmiergeld. Für zahlreiche afrikanische Staatsbedienstete ist ihr Amt so etwas wie eine Lizenz zu kassieren.

Es geht dabei nicht immer nur um gewissenlose Selbstbereicherung. Jeder Afrikaner, der das Glück hat, einen Job bei der Verwaltung oder einer ausländischen Organisation zu ergattern, gerät in einen Strudel von Erwartungen seitens seiner Familie und seiner Freunde. Wenn in diesem Kreis ein Begräbnis oder eine Hochzeit finanziert werden muss, eine Ausbildung oder eine dringend notwendige Krankenhausbehandlung zu bezahlen ist, muss der Staatsbedienstete zahlen. Würde er darauf bestehen, dass sein Einkommen nicht reicht, um einen bestimmten Betrag aufzubringen, wäre das gesellschaftlich völlig inakzeptabel. Denn jeder weiß ja, dass man in bestimmten Positionen die Möglichkeit hat, zusätzliche Summen einzutreiben, wenn Not am Mann ist.

Korruption könnte es in diesem Ausmaß wohl kaum geben, würde sie nicht von den internationalen Konzernen begünstigt. Wenn wir darüber diskutieren, weist Henning Mankell auf die »andere Seite der Medaille« hin:

»Ich habe bereits von der Korruption gesprochen. Von der Notwendigkeit, dass wir immer dem Geld folgen und uns daran erinnern, dass es zweier Parteien bedarf, einer gebenden und einer nehmenden. Aber ich halte es auch für notwendig,

zwischen zwei Arten von Korruption zu unterscheiden. Der einen, die die schon sehr Reichen noch reicher macht, und der anderen, die es schlecht bezahlten Beamten ermöglicht, ihre Familien zu ernähren. Im letzteren Fall ist die Armutsperspektive ausschlaggebend. Wenn man weiß, wie wenig beispielsweise ein Lehrer oder ein Verkehrspolizist verdient, und wenn man die hohe Arbeitslosigkeit bedenkt und dass vielleicht gerade dieser Lehrer oder dieser Verkehrspolizist der Einzige in einer Großfamilie von womöglich fünfzehn Personen ist, der Arbeit hat, dann kann man verstehen, dass er versucht, ein paar Kröten nebenher in seine Tasche zu wirtschaften. Ich verteidige nicht, was er tut, und bin der Ansicht, dass man dem auch keinen Vorschub leisten sollte. Aber man wird der Korruption niemals ernstlich beikommen, wenn man ›Mücken aussiebt und Kamele schluckt‹. Die Menschen sehen, wie ihre Führer handeln, und machen es ihnen nach. An diesem Ende muss man anfangen.«

Dass bei den gigantischen Summen, die mit der Ausbeutung von Bodenschätzen zu verdienen sind, die Einkommensschere immer größer wird und dadurch auch die Gefahr bewaffneter Auseinandersetzungen wächst, ist fast schon zwangsläufig.

Das Kwacha-Prinzip *oder* Die Kluft zwischen Arm und Reich

Die große Kluft zwischen eigener Armut und dem in den Augen der meisten Afrikaner unermesslichen Reichtum, in dem wir Weißen leben, sorgt nicht nur im Wirtschaftsleben für eine Schieflage, sondern auch in den alltäglichen beruflichen und privaten Beziehungen.

An einem unserer Abende bei Friedemann Schrenk, als wir wieder einmal bei Moskitos und Rotwein zusammensitzen, trägt uns unser Gastgeber seine Überlegungen zum »Kwacha-Prinzip« vor, beruhend auf Erfahrungen aus mehr als zwanzig Jahren Arbeit in Afrika. Wir ahnen: Es geht um Geld (der Kwacha ist die einheimische Währung).

Der erste Grundsatz des Kwacha-Prinzips lautet: Was immer du bekommst, ist mehr, als wenn du nichts hättest.

In Malawi verdient ein durchschnittlicher Staatsbediensteter umgerechnet etwa fünfzig Euro im Monat. Geht er auf Reisen, erhält er Tagesspesen von fünfzig Euro am Tag. Logisch, dass Staatsbedienstete selten oder nie in ihren Büros anzutreffen sind. Logisch auch, dass zur Eröffnung Olympischer Spiele eine offizielle Delegation von mindestens zehn Personen fliegt, darunter auch der Athlet. Für Auslandsreisen gilt ein Mehrfaches des regulären Satzes.

Bei Mzungu-Projekten (Mzungu ist der ostafrikanische Begriff für »weißer Ausländer«) wird doppelt kassiert: Unterkunft und Verpflegung müssen gestellt, Spesen trotzdem gezahlt werden.

Raffinierter noch sind die *sitting allowances*, die Sitzungsspesen, die bei der Teilnahme an Konferenzen fällig werden. Es ist übrigens ratsam, diese Spesen erst am Ende einer Sitzung auszuzahlen. Besonders kurios: Selbst Bildungs- und Fortbildungsangebote werden lieber abgelehnt als »umsonst« absolviert.

Jede Abmachung gilt bis zur nächsten Verhandlung, das ist der zweite Grundsatz des Kwacha-Prinzips. Er sorgt dafür, dass Diskussionen niemals aufhören. Das oberste Ziel besteht darin, den letzten Kwacha, der irgendwo zu ergattern ist, zu mobilisieren. Dass die nächste Verhandlung bereits eine Minute nach der gerade abgeschlossenen beginnen kann, leuchtet dabei ein. Einmal ist das Haus abgebrannt, der »Reiche« einigt sich mit dem »Armen« auf einen kleinen Zuschuss zum Wiederaufbau. Kaum bezahlt, ist das Kind von einem bösen Geist verhext, der Fahrradreifen platt, die Ernte vernichtet, der Bruder im Gefängnis, die Mutter in der Hauptstadt gestrandet, das Strohdach leckt, die Schulgebühren sind fällig. Noch teurer wird es, wenn die Schwiegereltern die Ehefrau zurückgeholt haben, weil der Brautpreis nicht entrichtet wurde. Die Bedürfnisse um uns herum sind stets größer als das, was wir – zumindest finanziell – bewirken oder verbessern können.

Die vermeintlich unvorstellbar reichen Mzungu sehen sich in besonderer Weise mit solchen *problems* konfrontiert. Und daher lautet der dritte Grundsatz des Kwacha-Prinzips: *Mzungu's pocket never dries* – Die Tasche des Mzungu trocknet niemals aus.

Henning Mankell reagiert auf das Kwacha-Prinzip mit einer paradoxen Schlussfolgerung: Wäre er ein mittelloser Afrikaner und beobachtete einen reichen Weißen, würde er ebenfalls zum Bittsteller. Zu groß sei die Kluft zwischen afrikanischer Armut und europäischem Reichtum. Der Schriftsteller hält Bestechung und Bettelei noch für das kleinere Übel. Denn wer wolle Gewalt und Gegengewalt? Der Schlüssel aber, so betont er immer wieder, sei die Armutsbekämpfung. Er erinnert an das Versprechen der Weltbank, bis zum Jahr 2015 die extreme Armut zu halbieren. Davon wage heute, angesichts der steigenden Lebensmittelpreise und Flüchtlingszahlen, niemand mehr zu reden. Beim derzeitigen Tempo würde es bis ins Jahr 2100 dauern, das Ziel zu erreichen, fünfundachtzig Jahre länger als geplant. In Afrika sind das fast zwei Generationen. Wir fordern von den Afrikanern viel Geduld, sagt Henning Mankell, Geduld, die wir selbst nicht aufzubringen bereit sind. Wer würde bei uns fünfundachtzig Jahre auf das Einhalten eines Versprechens warten?

Als wir am nächsten Tag im Malema-Camp unweit der Ausgrabungen in der schwülen Hitze genüsslich unseren Tee trinken und dem Zirpen der Grillen lauschen, nähern sich eine etwa vierzigjährige Frau, mager und mit verhärmtem Gesicht, und ihre sechs Kinder unserem Tisch. Schweigend setzen sie sich in den Schatten unserer Schilfüberdachung.

Nach einer Weile kommt das älteste Kind, ein vielleicht sechzehn Jahre alter Junge, zu uns und setzt sich neben Friedemann Schrenk. Schließlich wagt er es, sein Anliegen vorzutragen. Die Familie leide Hunger, berichtet er, weil der Vater sich aus dem Staub gemacht habe. Sie hätten weder Geld noch Essen und wüssten nicht mehr weiter. Ob der Professor helfen könne?

Der fragt den jungen Mann, dessen Englisch leise und schwer zu verstehen ist, wo sein Vater sich aufhalte. Der Junge nennt den Namen einer Stadt, nicht ohne noch einmal um Geld zu bitten. Geduldig erklärt ihm der Professor, dass Geld allein nichts nütze. »Was macht ihr denn morgen, wenn ihr das Geld aufgebraucht habt? Wollt ihr jeden Tag wieder neu um Geld bitten? Wir müssen eine dauerhafte Lösung finden.« Nun setzt sich auch die Mutter an den Tisch. Sie dreht beide Hände nach außen, um mit dieser Geste ihre verzweifelte Lage auszudrücken. Auch sie – das übersetzt uns ihr Ältester, der jetzt die Rolle des Vaters und Versorgers übernommen hat – hofft auf einen Geldbetrag. Doch Friedemann Schrenk lässt sich nicht erweichen, er ist überzeugt, dass ein Bündel Kwacha nichts zur Verbesserung der Situation beiträgt. Stattdessen bietet er dem Jungen an, ihn als Grabungshelfer zu beschäftigen. Offensichtlich hat der Bittsteller einige Jahre Schule hinter sich und spricht leidlich Englisch. Die Familie ist einverstanden, aber keineswegs zufrieden. Dass kein Geld fließt, gilt ihnen als Misserfolg. Aber Friedemann Schrenk bohrt nach: »Sag mir genauer, wo dein Vater sich herumdrückt, dann bringe ich ihn zurück zu euch!« Wir bewundern den Professor für die Geduld und für die Umsicht, mit der er sich der Sache der Verlassenen annimmt. Wir spüren seinen Zorn auf den Mann, der mit seiner Verantwortungslosigkeit die Familie in den Ruin getrieben hat und sie zum Betteln zwingt. Männer, die ihre Familien verlassen, sind in Afrika keine Seltenheit. Manchmal ist Aids der Grund: Oft haben sie selbst die Familie angesteckt, übernehmen aber keine Verantwortung, sondern machen sich lieber aus dem Staub. Ob Aids bei dieser Familie eine Rolle spielt, wissen wir nicht. Die verlassene Frau vermutet, dass ihr Mann sich eine andere gesucht hat.

Schrenk notiert sich den Namen des ältesten Sohnes, und die Familie kehrt nach Hause zurück. Es ist für uns alle ein bedrückendes Erlebnis. Jeder von uns hat den Reflex, das Portemonnaie aus der Tasche zu ziehen. Aber wir wissen, dass das Kwacha-Prinzip keine Lösung darstellt.

Der Nchimi *oder* Manchmal hilft Zauberkraft eben doch

Harrison Simfukwe, unser Begleiter und Kurator des Museums in Karonga, ist ein gebildeter Mann. Er hat in Münster Geologie studiert, spricht neben seiner Muttersprache Englisch und Deutsch. Er ist ein guter Katholik – der zwei Ehefrauen hat –, aber weder Glaube noch Bildung haben vermocht, ihn von der Überzeugung abzubringen, dass die Welt von unsichtbaren Geistern bevölkert ist.

Jeder, den wir in Karonga kennenlernen – ob Raymond und Andy, die für Friedemann Schrenk im Museum arbeiten, oder Samson, der Koch im Camp –, erzählt uns von übernatürlichen Erfahrungen, allgemein als *witchcraft*, Zauberkraft, bezeichnet.

Der Geisterglauben wird den Menschen im Norden Malawis, aber auch andernorts in Schwarzafrika, bereits mit der Muttermilch eingeflößt. Die Bekehrung zum Christentum hat nur selten dazu geführt, dass man sich vom Glauben an *witchcraft* völlig verabschiedete. Jeder versucht, sich so gut wie möglich davor zu schützen. Kleine Beutel, gefüllt mit Schlangengift oder mit bestimmten Pflanzen und Früchten, werden in den Ecken und am Eingang der Häuser vergraben, Babys wird ein kleiner Talisman umgehängt. Besonders wenn man sich den Neid eines Nachbarn zugezogen hat, sind Vorsichtsmaßnahmen angezeigt.

Das Gegenargument, dass wir Weißen von den Zauberkräften nichts mitbekommen, zählt nicht. »Ihr seid Mzungu«, erklärt uns Samson. »Einem Mzungu können die Geister keinen Schaden zufügen.« Warum das so ist, bleibt offen. Die Zauberkraft beeinflusst das Leben der Menschen aber nicht nur in negativer Weise. Sie hilft ihnen auch, zum Beispiel, wenn sie krank sind oder keine Energie mehr in sich spüren.

Samson, der Koch, bringt uns zu einem Experten in Sachen *witchcraft*, einem *Nchimi* oder Heiler.

Kurz nach acht Uhr morgens – bevor die erbarmungslose Hitze jeden Impuls, sich anzustrengen, lähmt – marschieren wir den staubigen Weg hinauf, der vom Malema-Camp auf einen nahe gelegenen Hügel führt. Samson, unser Führer, geht schweigend voran – als habe der Respekt, den er dem Nchimi zollt, schon jetzt Besitz von ihm ergriffen.

Wir erreichen eine Ansammlung von Häusern aus Lehm und Reisig, gedeckt mit dem üblichen Schilfgras. Ein älterer Mann, vielleicht Mitte fünfzig, begrüßt uns. Was uns sofort auffällt, sind seine muskulösen Oberarme, die so gar nicht zu dem faltigen Gesicht und der etwas gebeugten Haltung passen. Samson erklärt uns mit leiser Stimme, dies sei der Nchimi und wir könnten ihm unser Anliegen vortragen. Natürlich war der Nchimi vorher von Samson gefragt worden und hatte sein Einverständnis erklärt, seine Arbeit dem schwedischen Schriftsteller und seinen Begleitern vorzustellen.

Wir dürfen einer Heilungszeremonie beiwohnen, hat uns der Nchimi zugesichert. Aber zunächst stellt er uns seine »Praxis« vor. Hier in diesem Haus – er zeigt auf eine großzügige Reisighütte – sind die schwierigen Fälle

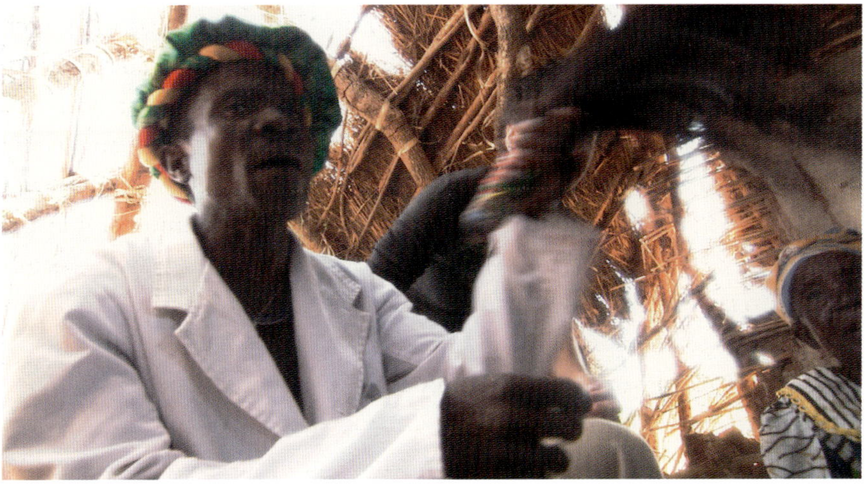

untergebracht, die mehrere Wochen hierbleiben müssen: Meist sind es die, die verhext worden sind. Das Haus ist leer. Entweder gibt es gerade keine hartnäckigen Fälle, oder die Patienten sind vor uns Weißen in Deckung gegangen. Dann führt uns der Nchimi zu einem kleinen Verschlag, in dem getrocknete Wurzeln verschiedener Pflanzen und Bäume aufeinandergeschichtet sind. »Das sind meine Heilmittel«, sagt er. Aus den Wurzeln, ergänzt durch andere Ingredienzien, zum Beispiel geriebene Samen oder auch Schlangengift, stellt er seine Heilmittel her, die entweder eingenommen oder äußerlich angewendet werden. Neugierig folgen Henning Mankell und wir dem Heiler. Er macht einen freundlichen, sympathischen Eindruck und wirkt kein bisschen abgedreht.

Gespannt warten wir auf die Konsultation. Endlich trifft eine Gruppe von etwa vierzig Personen ein, die meisten von ihnen Frauen, viele haben ihre Kinder und Babys mitgebracht.

Der Nchimi fragt die Ankömmlinge, wer von ihnen krank sei.

Zwei Frauen mit ihren Babys treten hervor, die eine sichtbar angegriffen.

Die andere Frau ist gesund, aber das Baby wirkt matt und apathisch.

Was ihnen genau fehlt, danach fragt der Nchimi zu unserem Erstaunen nicht. Das wird er selbst herausfinden, bedeutet er uns.

Wir machen es uns in dem größten Haus bequem. Das Dach ist defekt. Die Anwesenden beginnen zu trommeln, singen in einem gleichförmigen Rhythmus und wiegen sich sanft hin und her. Die Kranken, die ganz vorn sitzen, beteiligen sich nicht daran. Samson und Harrison Simfukwe, der auch mit uns gekommen ist, machen eifrig mit – als müsse ihre Energie auch für uns, die wir nichts beitragen, reichen.

Der Nchimi wendet sich den Kranken und den Trommelnden zu. In immer kürzeren Abständen steht er auf und ruft den Patientinnen ein paar Worte zu, fragt sie offenbar etwas. Die Mütter antworten kurz zustimmend oder verneinend.

Wir sind fasziniert, finden das Ganze aber auch etwas komisch. Die kulturelle Verschiedenheit wird in solchen Momenten schier unüberbrückbar. Umso mehr rührt es uns, dass die Menschen uns an einem so wichtigen und sensiblen Augenblick teilhaben lassen, obwohl sie wissen, dass wir Weißen mit unserem vordergründigen Rationalismus wenig inneren Zugang zu ihren Ritualen haben.

Durch den immer wieder anschwellenden Gesang hat der Nchimi Kontakt zu den Vorfahren hergestellt. Mit ihrer Hilfe kann er benennen, was den Kranken fehlt. »Du hast Bluthochdruck und ein Grummeln im Magen, nicht wahr?«, brüllt er der Frau fast zu. »Das hat nichts mit Zauberei zu tun. Du willst unbedingt schwanger werden, deshalb hast du die Probleme.« Und das Baby hat Verstopfung, so lautet seine Diagnose. Nicht ohne der Mutter Vorwürfe zu machen, weil sie erst einen gewöhnlichen Arzt konsultiert hat, bevor sie ihn aufsuchte. »Das hat nicht geholfen, deshalb bist du schließlich doch zu mir gekommen!« Er holt getrocknete Pflanzen und Wurzeln aus seinem Verschlag und reicht sie der Kranken und der Mutter des Babys. »Du musst ihm die Medizin auch geben«, mahnt er. Und er verspricht ihr, wenn sie seine Anweisungen befolge, habe das Baby bald wieder normalen Stuhlgang.

Wir bedanken uns bei dem Nchimi und den anderen Anwesenden und treten bei mittlerweile sengender Hitze den Rückweg ins Camp an.

Die Behandlung ist gratis, erklärt Samson uns später. Jeder Patient gibt freiwillig so viel, wie ihm die Sache wert ist oder wie er entbehren kann. Die Frage, ob sie selbst zum Nchimi gehen, wenn sie Beschwerden haben, bejahen sowohl Harrison als auch Samson. Der Nchimi ist immer die erste Adresse, zu ihm haben die Leute das größte Vertrauen. Erst danach, wenn das Leiden gar nicht besser werden will, suchen sie einen Schulmediziner auf. Geld spielt dabei nicht die entscheidende Rolle, denn auch in den Krankenhäusern Malawis ist die Behandlung kostenfrei.

Friedemann Schrenk hält den Glauben an Geister und Zauberei für eines der größten Entwicklungshindernisse. Doch er hat gelernt, dass die traditionelle Medizin, unabhängig vom Geisterglauben, tatsächlich helfen kann. Auch da, wo die Schulmedizin versagt. Er erzählt uns von einer Studentin, die vor einiger Zeit im Malema-Camp für eine Dissertation recherchierte. Sie klagte über diffuse Beschwerden, war abgeschlagen, litt unter starken Kopfschmerzen. Die Ärzte fanden nichts, während sich ihr Zustand zusehends verschlechterte. Schließlich brachte Samson sie zu einem Nchimi. Der Professor war zunächst skeptisch, aber am Ende einverstanden. Schaden konnte es schließlich nichts.

Dass die junge Frau sich nach wenigen Tagen wieder guter Gesundheit erfreute, überraschte ihn und die anderen Weißen im Camp sehr: Offenbar hatte der Nchimi den »Stein der Weisen« in der Form von Kräutern gefunden. Denn das ist die andere Seite der Medaille: Der Nchimi besitzt ein großes Wissen über Heilpflanzen, die wirklich helfen.

Heute erforschen Biologiestudenten im Malema-Tal die Heilpflanzen und ihre Zusammensetzung. Es ist nicht mehr schwer, deutsche Forschungsgelder für solche Projekte zu erhalten, denn inzwischen ist das Interesse der Pharmakonzerne geweckt. Auch deutsche Kinderärzte verschreiben mittlerweile Umckaloabo, um nur ein Beispiel zu nennen. Das Medikament wird aus dem abgekochten Sud einer südafrikanischen Heilpflanze – der sogenannten Kapland-Pelargonie (einer lila blühenden Geranienart) – gewonnen, die in der Zulu-Medizin schon lange Verwendung findet. Umckaloabo – in der Zulu-Sprache »schwerer Husten« – hilft gegen Erkrankungen der Atemwege und ist für das vertreibende Pharmaunternehmen eine wahre Goldgrube.

Für uns heißt es Abschied nehmen aus Karonga. Noch einen letzten Abend verbringen wir mit Friedemann Schrenk, Harrison Simfukwe und den anderen Mitarbeitern des Professors, die uns in den zehn Tagen unseres Zusammenseins ans Herz gewachsen sind. Natürlich stellen wir immer wieder fest, dass wir aus unterschiedlichen Kulturen kommen. Und doch gibt es so viel, was uns verbindet und über das wir zusammen lachen können.

Henning Mankell und Friedemann Schrenk haben verabredet, sich bald wieder zu treffen. Der Schriftsteller will noch einmal für ein paar Tage nach Karonga reisen und selbst zur Schaufel greifen. Vielleicht findet er ja einen weiteren Knochen des Uraha-Mannes!

Bevor wir Malawi verlassen, erzählt Henning Mankell von seinen eigenen Erlebnissen mit dem Aberglauben in Afrika.

»Vor mehr als zwanzig Jahren, als ich in Sambia wohnte, hatte ich mir einmal den Fuß verstaucht. Ich humpelte mehrere Tage lang. Eines Tages, als ich vor dem Haus saß, in dem ich wohnte, landete ein verletzter Vogel auf dem Hof. Mit seinem einen Bein war etwas nicht in Ordnung. Ich dachte nicht weiter darüber nach, und der Vogel flog davon. Am nächsten Tag war mein Fuß wieder heil. Plötzlich kamen alle möglichen Menschen zu mir und baten mich um Hilfe, mal bei diesem, mal bei jenem. Als ich wissen wollte warum, erklärten sie mir, es gehe das Gerücht um, dass es im Dorf einen weißen Heiler gebe. Er habe einen schlim-

men Fuß gehabt. Dann sei ein Vogel gekommen und habe das Schlimme im Fuß mitgenommen …

Bei einer anderen Gelegenheit, viel später, hatten wir im Theater eine abergläubische Schauspielerin. Sie ist jetzt nicht mehr da. Sie glaubte allen Ernstes, dass jemand im Begriff sei, sie zu vergiften. Als mir klar wurde, was los war, rief ich das ganze Ensemble zusammen und sagte: ›Ich weiß, dass hier im Theater etwas vor sich geht, wovon ich nichts verstehe. Ich gehe jetzt nach Hause. Ihr müsst die Sache in Ordnung bringen. Wenn das geschehen ist, komme ich wieder.‹ Dann ging ich. Nach einigen Tagen kamen sie und holten mich. Die Arbeit konnte weitergehen. Ich glaube, sie waren davon angetan, dass ich ihr Problem ernst genommen und nicht darüber gelacht hatte. Auch wenn die meisten am Theater natürlich nicht an das Übernatürliche glaubten, es genügte, dass eine Person es tat, und schon entstand ein Problem.

Vergessen wir nicht, dass der Aberglaube in Europa vor hundert Jahren noch ebenso verbreitet war, wie wir es heute in manchen Teilen Afrikas beobachten. Noch heute herrscht hier und da in Europa ein sehr starker Aberglaube. Nur vermehrtes Wissen wird die Qual mindern, die das Übernatürliche Menschen häufig bereitet.«

Unsere Entdeckungsreise geht weiter. Wir verlassen Ostafrika und fliegen wieder in den Westen des Kontinents. Unser Ziel ist Mali am Südrand der Sahara. Hier werden wir mehr erfahren über den Glanz vergangener Königreiche. Wir tauchen ein in die Welt mittelalterlicher Gelehrter, und wir hören Lieder, die nicht von Not und Katastrophen, sondern von »goldenen Tagen« handeln.

ARMANTI
Mayonaise
5 liter

Gründung: 1100
Politische Abhängigkeit: Frankreich bis 1960
Gesamtfläche: 1 240 000 km²
Hauptstadt: Bamako
Einwohner: 12,3 Millionen
Durchschnittsalter: 15,8
Fertilität: 6,6
Lebenserwartung: 54 Jahre
Ärzte je 100 000 Einwohner: 8
HIV-infizierte Erwachsene (15–49 Jahre): 1,5 Prozent
Analphabeten (Bevölkerung über 14 Jahre): 76 Prozent
Amtssprachen: Französisch, Bambara, Songhai
Überwiegende Religionsgruppe: Muslime
BIP je Einwohner: 667 US-Dollar

MALI

Bamako *oder* Das Lied von den goldenen Tagen

Es trifft uns wie ein Schlag: Fünfunddreißig Grad, kurz vor Mitternacht, die Sonne ist längst schon untergegangen, doch am Flughafen von Bamako, der Hauptstadt Malis, ist es noch wärmer als in den anderen afrikanischen Ländern, die wir bereist haben. Man hatte uns gewarnt: Die Hitze in Mali sei um diese Jahreszeit, Ende Mai, fast unerträglich. Bis zweiundfünfzig Grad werden wir während unseres Aufenthalts erleben, Temperaturen, bei denen jede Bewegung zur Qual wird.

Was wissen wir von Mali? Vielleicht haben wir von dem legendären Timbuktu gehört, früher das Ende der Welt, oder von den Kamelkarawanen der Tuareg, vielleicht sind uns berühmte Städte wie Mopti oder Djenné mit ihrer eindrucksvollen Lehmarchitektur in optischer Erinnerung. Im Großen und Ganzen ist Mali aber für uns alle, auch für Henning Mankell, Terra incognita.

Mali, das war für uns Zauber, Erwartung, viele Fragen. Und wie immer, wenn die Erwartungen groß sind, stellt sich erst einmal Ernüchterung ein. Bamako sieht kaum anders aus als andere afrikanische Städte: Hochhäuser, staubige, dicht bevölkerte Straßen, gesäumt von zahlreichen Märkten, chaotischer Verkehr. Ein paar Luxushotels und ein neuer, großer Gebäudekomplex, in dem alle Ministerien untergebracht werden sollen, signalisieren Fortschritt. Sie sind ein Geschenk des libyschen Staatschefs Muammar al-Gaddafi, der hier liebevoll Bruder Gaddafi genannt wird. Dass Libyen Einfluss auf die Geschicke des Nachbarlandes nimmt, davon zeugt auch die große Präsenz libyscher Staatsbürger in der Öffentlichkeit. Doch trotz dieser im Westen mit Misstrauen betrachteten Freundschaft gilt Mali heutzutage als Musterbeispiel für Demokratie und Meinungsfreiheit in Westafrika.

Wir sind mit einem Superstar verabredet, mit dem Sänger Salif Keita, der gleichwohl gegenüber seinem Heimatland eine kritische Haltung einnimmt.

Salif Keita hat jahrelang in Paris gelebt, bis er sich entschloss, zurückzukehren in das Land seiner Herkunft. Henning Mankell ist gespannt darauf, den Musiker kennenzulernen.

Unser Treffpunkt ist das Hotel Moffou im Stadtteil Kalaban, zwanzig Minuten von der Innenstadt Bamakos entfernt. Das zweistöckige Gebäude, das einen schattigen Innenhof umschließt, gehört Salif Keita, er hat es nach einem fast in Vergessenheit geratenen Instrument, einer kleinen Maisflöte, benannt.

Wir haben viel Zeit, die schlichte Architektur und das Wandern der Schatten auf dem gefliesten Boden zu betrachten, denn der berühmte Sänger lässt auf sich warten. Henning Mankell beeindruckt uns mit seiner stoischen Gelassenheit. Da er Afrika seit fünfunddreißig Jahren kennt, weiß er, dass Verabredungen in diesen Breiten selten pünktlich eingehalten werden.

Wie immer hat er seine braune Aktentasche dabei, ohne die er keinen Schritt tut. Darin finden sich Notizbücher, Informationsmaterial und sein neuestes Buchprojekt. Niemals lässt er die Tasche aus den Augen. Wartezeiten wie diese nutzt der Schriftsteller, indem er der Tasche einen Notizblock oder ein Buch entnimmt und zu arbeiten anfängt. Der Schatten bietet uns nur unzureichenden Schutz. Wir schütten mehrere Liter Wasser, Tee und Cola in uns hinein, bis Salif Keita endlich erscheint.

Um zwei Uhr nachmittags, drei Stunden später als verabredet.

Der Sänger ist von kleiner Statur, er trägt ein strahlend weißes Gewand. Sein Kopf ist von einer gehäkelten weißen Mütze bedeckt, und eine Sonnenbrille schützt seine Augen vor der gleißenden Helligkeit.

Salif Keita ist Albino, und als Folge davon sieht er fast nichts mehr. Starkem Lichteinfall und der Sonne darf er sich nicht aussetzen, sonst besteht die Gefahr eines Sonnenbrandes, von Hautentzündungen oder – schlimmer noch – von Hautkrebs. Und er könnte vollständig erblinden.

Eine seiner Schwestern, auch sie Albino, starb mit vierundzwanzig Jahren an Hautkrebs. Salif Keita gründete 1992 die Hilfsorganisation *SOS Albinos* und 2006 eine Stiftung, die Mittel organisiert für die Gesundheitsversorgung und Ausbildung von Albinos in Mali und weltweit. Die irreversible Pigmentstörung ist in Afrika weit verbreitet: Von viertausend Menschen – in Europa zwanzigtausend – trifft sie einen, mehrere Millionen Albinos leben auf dem

Kontinent. In fast ganz Afrika gelten sie als Außenseiter und werden sozial geächtet.

Auch in Mali, so erzählt uns der Sänger, werden Albinos verfolgt, manche sogar getötet. Die Regierung nimmt das Problem nicht ernst, klagt er uns gegenüber.

Salif Keita genießt bei den Diskriminierten großes Ansehen, weil er ihnen mit seinem Erfolg Vorbild ist und weil er sich für sie einsetzt. Erst kürzlich brachte er von einer Tournee in Nordamerika tausendfünfhundert Tuben Sonnencreme mit und verteilte sie an die Albinos in Mali. Denn Sonnencreme ist für die Meisten viel zu teuer.

Weil Keita die Sonne meidet, wann immer es geht, müssen auch wir unseren Tagesablauf danach richten.

Auf kurze Distanz sieht er noch einigermaßen. Er freut sich über zwei Bände, die Henning Mankell ihm mitgebracht hat, französische Übersetzungen von Büchern, zu denen ihn Afrika inspirierte.

Dann setzen sich die beiden an einen kleinen Tisch. Die Platte besteht aus einer sorgfältigen Einlegearbeit im Karomuster. Salif Keita ist begeisterter Damespieler und fordert Henning Mankell zum Duell. Bald schon lachen die beiden miteinander, erzählen sich Erlebnisse und Anekdoten. Der Schrift-

steller berichtet vom Teatro Avenida in Maputo, der Sänger von seinen Reisen quer durch den Kontinent.

So lange wie wir warten mussten, bis unser Treffen zustande kam, so kurz währt es, bis das Eis gebrochen ist.

Salif Keita lädt uns zu einer Fahrt auf dem Niger ein, in seiner eigenen Pinasse: Er will uns das Dorf zeigen, in dem er geboren wurde.

Wir nehmen in dem zwölf Meter langen überdachten Holzboot Platz. Unterwegs schimpft der Sänger auf die Regierung, die nichts für den Schutz des Flusses tut, obwohl er doch so viele Menschen in Mali ernährt. Da es keinen Staudamm gibt, verdunsten Milliarden Liter kostbaren Wassers, und schwankende Wasserstände gefährden die Ernten. Dazu kommt, dass die Industrie verschmutztes Wasser einfach wieder zurück in den Strom leitet. Es sei eine Katastrophe, empört sich unser Gastgeber.

Wir erleben, wie sich seine Sanftmut in Zorn verwandelt. In Henning Mankell erkennt er einen Gleichgesinnten. Auch er beklagt das Fehlen von Zielvorstellungen, die sich am Gemeinwohl orientieren, und den Mangel an Verantwortung vor allem bei den Eliten.

Der Schriftsteller und der Sänger – beide begnügen sich nicht damit, die Lorbeeren ihrer jeweiligen Kunst einzuheimsen. Beide wollen politische Veränderungen bewirken, beide engagieren sich in konkreten Hilfsprojekten. Das verbindet. Sie stimmen überein in der Überzeugung, dass Afrika eigentlich reich ist. Nicht nur an Bodenschätzen, sondern vor allem an Menschen. Menschen, die das Leben lieben, Menschen, die lernen, arbeiten und lachen wollen. Aber das wird ihnen – wir haben es auf unserer Reise erfahren – nicht immer leicht gemacht.

Kleine Pirogen kommen uns entgegen, viele bis an die Kante beladen. Sie sind unterwegs nach Bamako, angetrieben von einem meist nur lauen Wind und von der Muskelkraft der Passagiere. Da der Niger an vielen Stellen nicht besonders tief ist, genügt ein langer, stabiler Holzstab, um das Boot vorwärtszutreiben. Einer der Männer an Bord taucht ihn bis zum Grund ein und bewegt das Boot jedes Mal einige Meter weiter flussabwärts. Wie in Zeitlupe gleiten die Pirogen dahin. Was so leicht aussieht, ist schweißtreibende Arbeit. Um schneller voranzukommen, wechseln sich die Männer häufig ab. Oft werden die Boote von Kindern manövriert. Ebenso wie wir es anderswo gesehen haben, verrichten Kinder auch in Mali schwere körperliche Arbeit. Sie beladen Boote, sie mahlen Austernschalen, um damit Felder zu düngen, und sie schleppen Steine, die für Häuser oder Dämme benötigt werden.

Die meisten – das hat man uns berichtet – besuchen dennoch die Schule, wenn auch nicht immer regelmäßig. Aber ohne das Geld, das die Kinder nach Hause bringen, können viele Familien nicht überleben. Mali gehört zu den ärmsten Ländern der Welt, in der Entwicklungsstatistik der Vereinten Nationen steht es an 174. Stelle von 177 Ländern.

Am Vorabend unserer persönlichen Begegnung mit Salif Keita hatten wir Gelegenheit, eines seiner Konzerte in Bamako zu besuchen. Wir sind ein bisschen enttäuscht von der sterilen Atmosphäre, es gilt, irgendeinen Feiertag zu würdigen, auch der Kultusminister ist anwesend. Doch ist es für uns eine Gelegenheit, zu erleben, wie Salif Keitas Zorn über Ungerechtigkeit und gesellschaftliche Missstände auch vor den Ohren der Mächtigen nicht haltmacht. »Wie kann es sein, dass Afrika so reich ist, aber seine Menschen so arm?«, fragt er das Publikum. »Und wie kann es sein, dass so viele Bürger Malis im Ausland leben, obwohl niemandem hier Verfolgung droht?« Vereinzelte Missfallensrufe werden laut, denn im Publikum sind zahlreiche Vertreter des

Establishments, denen die politischen Meinungsäußerungen ihres Stars gegen den Strich gehen. Der Kultusminister aber lässt sich nichts anmerken. In einer kleinen Zeremonie vor dem eigentlichen Konzert verteilt er Urkunden an besonders verdiente Mitbürger, die an diesem Abend in großer Anzahl erschienen sind.

Die Veranstaltung am Vorabend ist für Keita in weite Ferne gerückt, als wir schließlich unser Ziel erreichen, das Dorf Djoliba. Der Sänger bittet uns, ihm zu folgen. Zuerst gehen wir zu einem einfachen Grab aus weißem Stein, umgeben von einem kleinen Zaun, inmitten einer kargen Landschaft. Ein Dorfältester kommt uns entgegen, begrüßt uns alle, besonders herzlich aber empfängt er Salif Keita. An der Grabstätte singt ein Griot, ein traditioneller Musiker und Bewahrer geschichtlichen Wissens. Seine Stimme empfinden wir zwar nicht als schön, sie verzaubert uns gleichwohl, auch wenn wir nicht verstehen, was er singt. Wir erfahren, dass das Lied einen Vorfahren des Sängers rühmt. Zusammen mit Henning Mankell geht Salif Keita zum Grab, zieht seine Schuhe aus und kniet nieder. Er bittet den Verstorbenen um Beistand. Mankell ist ebenso gerührt wie wir, aber seine Rührung weicht schnell körperlichem Schmerz. Die Steine um das Grab herum sind von der Sonne so erhitzt, dass sie seine nackten Fußsohlen verbrennen.

M'Bemba, so heißt das erfolgreichste Album von Salif Keita, das auch in Europa zehntausendfach verkauft wurde. Doch während die Fans dort kaum etwas von der Bedeutung des Titelsongs wissen, ist sie den Menschen hier in Djoliba vertraut. Salif Keita erzählt darin von seinem Vorfahren, einem mächtigen Herrscher Afrikas: Sundiata Keita, der im 13. Jahrhundert lebte und das Großreich Mali begründete.

Wie die Legende berichtet, war Sundiata Keita der Sohn eines Königs, der eine Frau von buckliger Gestalt zur zweiten Ehefrau nahm. Damit folgte er der Weissagung eines Sehers, der ihm vorhersagte, die hässliche Frau werde ihm einen Sohn schenken, der das Königreich unsterblich machen würde. Der junge Sundiata enttäuscht jedoch den Vater, da er trotz fortschreitenden Alters nicht laufen lernt. Vermutlich war eine Krankheit daran schuld. Sein Vater stirbt, bevor sich der Sohn beweisen kann. Als erwachsener Mann stellt Sundiata Keita eine mächtige Armee zusammen, erobert nach und nach die umliegenden Gebiete und schafft damit das größte afrikanische Reich jener Zeit. Mit seinen schätzungsweise zwanzig Millionen Einwohnern übertraf es das damalige Westeuropa in seinen gegenwärtigen Grenzen. Es reichte vom heutigen Mali im Osten über Teile Guineas, den Senegal und Mauretanien bis zur afrikanischen Westküste. Eine der wichtigsten Städte, die durch Handel und Wissen in jener Zeit zu großem Reichtum gelangte, war das sagenumwobene Timbuktu, ein weiteres Ziel unserer Reise. Von Sundiata Keitas späteren Taten ist nicht viel bekannt. Er starb 1255, entweder bei einer Flussüberquerung oder durch einen versehentlich abgegebenen Pfeilschuss. Das Reich Mali existierte noch bis zum 16. Jahrhundert, seine Blütezeit erlebte es im frühen 14. Jahrhundert: In jener Epoche spricht man von Malis Königen als den mächtigsten und reichsten Herrschern der Welt, nicht nur in Afrika, sondern auch in Europa.

Im Vergleich zu der glanzvollen Vergangenheit nimmt sich die Gegenwart bescheiden aus.

Djoliba ist ein typisches malisches Dorf, die meisten Häuser sind aus Lehm gebaut. An den Straßenrändern sitzen Frauen und bieten alles feil, was sich an den Mann oder die Frau bringen lässt. Aus winzigen Kneipen, in denen auch mittags schon zahlreiche junge Männer sitzen, dröhnt Rap-Musik, man berauscht sich an selbst gebrautem Maisbier. Junge Frauen lassen sich in Frisierstuben, auf dem nackten Fußboden sitzend, eng am Kopf anliegende kleine Zöpfe flechten, für umgerechnet nicht einmal einen Euro. Überall hört man das Rattern alter Nähmaschinen. Das Schneidern und Ausbessern von Kleidung bringt vielen Bewohnern Djolibas ein bescheidenes Einkommen. Gelegentlich brettert ein Lastwagen mit weit überhöhter Geschwindigkeit durch den Ort, auf der Ladefläche Dutzende Arbeiter, und hinterlässt dichte Staubwolken, die uns mit einem feinen Firnis überziehen. Danach kehrt wieder Ruhe ein, das Rattern der Nähmaschinen gibt den Takt für einen immer gleichen heißen Nachmittag.

Man mag das idyllisch finden, doch als Westeuropäer kommt einem unweigerlich der Gedanke, warum ein internationaler Star wie Salif Keita, der sein Geld leicht in New York oder Paris verdienen kann, es vorzieht, sein restliches Leben im Schoß seiner stattlichen Großfamilie zu verbringen.

Wir fragen ihn danach. Er überlegt nicht lange. »Ich gehöre hierher nach Afrika, hier sind meine Wurzeln«, sagt er uns. Obwohl er in den großen Städten dieser Welt zu Hause war, in exklusiven Hotels logierte und zahlreiche weltbekannte Musiker als Freunde gewann, gibt es für ihn nur einen Ort, der ihn inspiriert und ihn zu seiner Musik finden lässt: eine kleine Nigerinsel, die zu Djoliba gehört, nur wenige Pirogenminuten entfernt. Dass man jedes Mal mit einem kleinen Boot übersetzen muss, schafft – gewollten – Abstand. Nur knapp zehn Menschen leben auf der Insel, die meisten sind Fischer. Sie wohnen in einfachen Häusern und sehen Salif Keita als einen der Ihren an.

Uns erscheint es fast unglaublich, wie bescheiden und einfach der Weltstar hier in seinem Haus mit einer kleinen Terrasse lebt. Den Tee bereitet er selbst zu, ansonsten hilft ihm ein Verwandter im Haushalt.

Die Gitarre ist immer dabei. Jede Melodie, die ihm in den Kopf kommt, muss sofort gespielt und ausprobiert werden, damit sie nicht verloren geht. »Das ist alles, was ich brauche«, sagt Salif Keita zu Henning Mankell, und seine Augen blitzen vergnügt, das erkennen wir trotz Sonnenbrille.

Dieser eine Ort, an dem man seine Werke ersinnt, der Ort, an dem die Inspiration kommt: Ihn hat Henning Mankell ebenso wie Salif Keita gefunden. Der eine zieht sich auf die Insel zurück, der andere in ein Kaffeehaus an einer belebten Straße in Maputo, direkt vor dem Teatro Avenida.

Die Künstler haben Vertrauen zueinander gefasst. Sie erzählen sich von ihrem Leben. Dass Salif Keitas Geschichte über weite Strecken keine glückliche ist – auch darin finden die beiden eine Parallele.

Als sein Vater das neugeborene Baby sah, fragte er seine Frau angewidert, was das für ein Ding sei, das sie da in ihren Armen halte. Ein Sohn, der ein Albino war, das war für ihn ein böses Omen. Die Geburt des Albinos als Menetekel für Familie und Dorfgemeinschaft – Salif Keitas Leben hätte zu Ende sein können, bevor es überhaupt begonnen hatte.

Er hatte aber noch Glück im Unglück, denn ein Seher, der die Geburt des Albinos zu deuten hatte, befand, dass er zumindest kein Vorbote schweren Unglücks sei. Es gab also keinen Grund, ihn zu töten. Der Vater verweigerte ihm jedoch Liebe und Fürsorge, richtete jahrelang kein einziges Wort an seinen Sohn. Von klein auf lebte Salif ein einsames Leben. Andere Kinder mieden ihn, spuckten vor ihm aus und verspotteten ihn. Der Junge lernte zu kämpfen. In der Schule wurde er schnell Klassenbester. Besonders in Mathematik und Naturwissenschaften zeichnete er sich aus. Er wollte Lehrer werden.

Wenn er aus der Schule kam, musste er auf dem Feld arbeiten, das Vieh hüten. Obwohl er seinen Pflichten gewissenhaft nachkam, sprach der Vater nur das Allernötigste mit ihm. Immerhin lehrte er ihn, mit bestimmten Rufen die Affen und die Vögel von den Feldern zu verscheuchen. So wurde seine damals schon klangvolle Stimme früh geschult, wie der Sänger heute selbst erzählt.

Salif Keita vergisst nicht, auch das Positive zu erwähnen, das seine Außenseiterrolle ihm brachte. Von Anfang an lernte er, scheinbare Nachteile in Vorteile umzumünzen. Singen wurde ihm zum Lebensinhalt, die Musik seine ständige Begleiterin. Dass er damit einmal Weltruhm erlangen würde, ahnte er natürlich nicht, und er arbeitete auch nicht darauf hin.

Wieder war es eine Art Scheitern, das ihm den Weg zur großen Karriere öffnete. Als er Ende der 1960er-Jahre kurz vor seinem Lehrerexamen stand, sagte man ihm, dass er für diesen Beruf nicht in Frage käme. Die Kinder würden sich vor ihm fürchten, weil er Albino sei. Das traf ihn mitten ins Herz, wie er uns gesteht. Dieselben Männer, die ihn ablehnten, hatten im Übrigen kein Problem, weiße Lehrer zu engagieren.

Dieser Einschnitt ist der wichtigste seines Lebens. Salif Keita entschließt sich, von nun an konsequent seinen eigenen Weg zu gehen. Der wird ihn weit weg von seiner Familie und von seinem Dorf führen. Er beschließt, Sänger zu werden. »Das kam einer Revolution gleich«, erinnert sich der Musiker. »Meine Familie reagierte mit völliger Ablehnung, von da an existierte ich für sie nicht mehr. Aber war es nicht immer so, dass Revolutionen die Gesellschaften weiterentwickelt haben? Für mich war klar, dass dieses Jahrhundert nicht das Jahrhundert der Vorfahren sein darf. Deshalb entschied ich mich gegen meine Familie und für die Karriere als Sänger.«

Für einen Westeuropäer ist es kaum zu ermessen, was dieser Schritt in einer afrikanischen Gesellschaft bedeutet. Sich gegen die Familie zu wenden, seinen eigenen Weg zu finden, sich selbst zu verwirklichen – das sind unsere westlichen Vorstellungen vom Heranreifen eines jungen Menschen. Im traditionellen Afrika dagegen hat das Individuum einen geringen Stellenwert. Die Entfaltung der eigenen Persönlichkeit kann nur in den von der Familie und der Gesellschaft gesetzten Grenzen erfolgen, manchmal gelingt sie gar nicht. Sich gegen die Familie zu stellen, gar gegen den Vater oder den Großvater, denen allein aufgrund ihres Alters unbedingter Gehorsam und Unterordnung gebührt, ist nicht vorgesehen.

Wir denken an Mankells *Der Chronist der Winde*, in dem er den Straßenjungen Nelio über den Wert der Familie nachdenken lässt:

»Ein Mensch ohne Familie ist nichts. Es ist, als gäbe es diesen Menschen nicht. Man könnte alles verlieren, den Besitz, sogar seinen Verstand …

Aber nicht, ohne Menschen zu sein, ohne seine Familie, ohne all seine Mütter und Schwestern und Brüder.«

Salif Keitas Vater verzeiht dem Sohn den Alleingang nicht, auch der spätere Erfolg rechtfertigt in seinen Augen nicht die Missachtung seines Willens.

Nach dem Tod des Vaters widmet ihm der Sohn, der sich immer eine Versöhnung gewünscht hat, ein Lied. Es drückt den Schmerz des »verlorenen« Sohnes aus: Papa. Eine Hommage an den Vater, der ihm paradoxerweise den Weg in die Sängerlaufbahn wies, indem er ihn die Vögel vom Feld verscheuchen ließ.

Salif Keitas Aufbegehren gegen die eigene Familie wog besonders schwer, weil er als direkter Nachfahre des Königs Sundiata Keita die Würde eines Prinzen besitzt und eigentlich noch strengeren Verhaltens- und Standesregeln unterworfen ist als Nichtadlige.

Auch der Beruf des Sängers stand ihm der malischen Tradition zufolge nicht offen, jedoch aus einem anderen Grund. Das Singen in der Öffentlichkeit ist den Griots vorbehalten, die in einer Art Kaste diese Stellung von Generation zu Generation weitergeben. Der Griot heiratet nur innerhalb seiner Kaste. Manche Griots können ihre Ahnenreihe über fünfzig Generationen zurückverfolgen, das entspricht mehr als tausend Jahren!

Früher hielt sich jeder König seinen eigenen Griot, ähnlich dem mittelalterlichen Hofsänger in Europa. Seine Aufgabe bestand darin, den Ruhm seines Herrschers zu besingen und wichtige historische Ereignisse in seinen Liedern zu erzählen. Er war eine Art wandelndes Geschichtslexikon, und je besser es ihm gelang, seinen Vortrag mit Witz und geistreichen Bemerkungen auszuschmücken, desto größer war sein Ansehen. Satire, Klatsch, politischer Kommentar – all das, was heute die Medien leisten, war in vergangenen Jahrhunderten Aufgabe der Griots. Nicht selten diente er seinem Herrscher auch als Ratgeber. Wenn auch im modernen Mali kein Politiker mehr auf die Idee käme, sich von einem Griot beraten zu lassen, so hat sich doch seine Rolle als geachteter Sänger und Bewahrer mündlich überlieferter Geschichte in vielen Regionen Westafrikas erhalten. Bei Geburten, Hochzeiten, Todesfällen und anderen Festen singen sie von historischen oder aktuellen Begebenheiten.

Westliche Historiker schlossen aus der Existenz der Griots, dass die Geschichte in Afrika früher nur mündlich weitergegeben wurde und es somit überflüssig sei, nach schriftlichen Quellen zu fahnden. Wie falsch sie damit lagen, werden wir an unserem nächsten Reiseziel Timbuktu erfahren.

Salif Keita, obwohl kein Griot, hat sich ebenfalls der Geschichte seines Landes angenommen. In vielen seiner Lieder besingt er die vergangenen Reiche Afrikas, besonders das malische.

Eine Legende will er uns noch erzählen, bevor wir nach Timbuktu aufbrechen. Sundiata Keita, der berühmte Vorfahr, bekam von seinem Vater einen eigenen Griot. Sein Name war Balla Fasséké. Er sollte Sundiata in Geschichte unterweisen und ihm die Prinzipien des Regierens beibringen. Jener Balla Fasséké wurde zum Gründervater der Kouyaté, einer Griot-Familie, die heute noch in Mali bekannt ist. Allerdings singen die Kouyaté längst nicht mehr für die Keita-Familie.

Uns will es scheinen, als habe sich Salif Keita selbst zum Griot seiner Familie und zum Griot Afrikas gemacht. Denn wer könnte die Geschichte der vergangenen Größe Afrikas stimmgewaltiger der Welt vortragen als er? Nur daheim in Djoliba muss er einem anderen den Vortritt lassen.

Es ist Zeit, unsere Reise fortzusetzen. Aber der Sänger will noch ein Versprechen einlösen. Zurück in Bamako im »Moffou«, lässt er sich eine akustische Gitarre bringen, stimmt sie kurz, und dann beginnt er zu singen. Seine unverwechselbare Stimme erklingt in dem kleinen Innenhof, der Song *M'Bemba* kommt uns vor wie ein Geschenk für die Weiterreise. Es ist der berühmte Sänger Salif Keita, der für uns spielt, aber für uns ist er vor allem ein Mann, der einen langen steinigen Weg erhobenen Hauptes zurückgelegt hat, einer, der es trotz Krankheit und anderer Widrigkeiten ganz weit nach oben geschafft hat und der sich bei allem Triumph gern seiner Wurzeln erinnert. Ein Afrikaner.

Timbuktu *oder* Der Traum von der immerwährenden Weisheit

»Wenn in Afrika ein alter Mensch stirbt,
verbrennt eine Bibliothek.«
Amadou Hampâté Bâ (malischer Schriftsteller, 1900–1991)

Der Weg zur Weisheit ist meist steinig, oftmals lang und mit vielen Umwegen versehen. So könnten auch wir den unseren beschreiben. Er führt zunächst einmal durch Chaos und Stau eines normalen Arbeitstages in Bamako. Fast zwei Stunden brauchen wir mit unseren drei Autos, um aus der Stadt herauszukommen. Die Probleme beginnen gleich nach der Abfahrt: In einem der Autos fällt die Klimaanlage aus, das Thermometer steigt binnen Kurzem über die Vierzig-Grad-Marke, und im Wageninneren herrscht Saunaatmosphäre. In einem anderen Fahrzeug schläft unser Fahrer Ibrahim mitten im Stau ein – er hat vergangene Nacht zu lange gefeiert. In seinem Wagen sitzt ausgerechnet Henning Mankell, der nun schon häufiger den »Pleiten, Pech und Pannen«-Part beim Autofahren abbekommen hat. Am Abend, nach der fast zwölfstündigen Fahrt mit Spitzentemperaturen von fünfzig Grad, durch Sand und einen heftigen Regenfall mit Hagel, werden wir darüber lachen. Der »Fluch des schlimmsten Fahrers« verfolgt den Schriftsteller, der in allen von uns bereisten Ländern stets den unkonzentriertesten oder verträumtesten Chauffeur erwischt. In dem Moment, als Ibrahim einschläft, ist uns allerdings nicht zum Lachen zumute. Wir verbannen ihn auf den Beifahrersitz, und einer von uns fährt weiter. Das geht gegen Ibrahims Ehre, und er hört

nicht auf, uns zu versichern, dass er überhaupt nicht müde sei. Nach weniger als zwei Minuten ist sein Zorn verraucht, und er schläft selig ein.

Eintausenddreihundert Kilometer sind es von Bamako nach Timbuktu. Unsere Fahrer sind zuversichtlich, dass die Strecke in dreizehn Stunden zu schaffen ist. So hat es unser malischer Producer, Almahady Cissé, auch vorgesehen. Doch er vergaß, uns zu sagen, dass wir dann mit Höchstgeschwindigkeit fahren müssen! Über Straßen, die im besten Fall so gut wie eine deutsche Landstraße, in der Regel aber einfach miserabel sind. Wir bestehen darauf, vorsichtig und nicht schneller als hundert zu fahren. Nach wenigen Stunden ist endgültig klar, dass wir zwei Tage benötigen werden bis nach Timbuktu. Dass wir nicht alles schaffen werden, was wir uns vorgenommen haben, nehmen wir zähneknirschend in Kauf, denn wir möchten auf keinen Fall in einen Unfall verwickelt werden. Diese Sorge ist nicht ganz unberechtigt, führen riskante Fahrweisen sowie der schlechte Zustand von Fahrzeugen und Straßen in Afrika doch oft zu schweren Verkehrsunfällen.

So also reisen wir gemächlich, vorbei an hübschen Dörfern mit kleinen, fast quadratischen Lehmhäusern, nicht größer als ein Meter auf ein Meter und zwei Meter hoch. Sie dienen als Verkaufsstände, manchmal auch als Schlafplätze. Die Bewohner lassen einfach die Tür offen und strecken die

Beine hinaus ins Freie. Mit Hilfe von Lehm und Wasser, gehäckseltem Stroh und etwas Mist werden Ziegel geformt und in der Sonne getrocknet. Als Bindemittel beim Mauern dient ebenfalls feuchter Lehm. Diese Häuser bleiben auch bei großer Hitze innen angenehm kühl.

Einer der berühmtesten Lehmbauten Malis ist die große Moschee in Djenné. Von 1907 bis 1909 nach dem Vorbild ihrer Vorgängerin aus dem 15. Jahrhundert erbaut, ist sie über hundertfünfzig Meter lang und zwanzig Meter hoch und damit die größte Lehmmoschee Malis. Jedes Jahr im April wird sie restauriert, für die Bewohner von Djenné ein Ereignis der besonderen Art. Das Neuverputzen der Außenwände mit frischem Lehm wird als Wettbewerb ausgetragen: Angefeuert von Trommelschlägen, Geschrei und wilden Flötentönen, werfen die Bewohner zweier konkurrierender Stadtteile Schlamm auf die Teile der Moschee, die zu stark unter der Witterung gelitten haben. Die Schlammschlacht dauert zwei Tage, bevor die berühmteste Moschee Malis wieder in alter Pracht dasteht.

Wie anfällig die Lehmbauten gegenüber starken Wettereinbrüchen sind, erleben wir, als wir auf unserer Fahrt nach Timbuktu in einen der um diese Jahreszeit häufigen sintflutartigen Regenfälle geraten. Innerhalb weniger Minuten steht die Straße unter Wasser, heftiger Wind lässt die Bäume einknicken, und zahlreiche Lehmhäuser lösen sich regelrecht auf. Nach einer halben Stunde ist der Spuk vorbei, die sofort wieder aufziehende Sonne lässt einen Schleier von verdunstendem Wasser über der Ebene aufsteigen, und die Temperaturen gleichen denen in einer finnischen Sauna.

Das Wetter lässt uns immer wieder spüren, wie sehr die Menschen in Afrika den Naturgewalten unterworfen sind. Selbst wir, nur auf der Durchreise, merken das. Für die ländliche Bevölkerung der Sahelstaaten ist dies aber der springende Punkt: Ihr Überleben hängt vom Wetter ab. Henning Mankell schreibt dazu in sein Notizbuch:

»Man kann nicht durch Afrika reisen oder über Afrika schreiben, ohne dass die Sonne und der Regen eine Hauptrolle dabei spielen. Das Bedürfnis nach Schatten, die wachsenden Wüsten, die unerträgliche Hitze – der Kampf zwischen der Sonne und dem Regen, den beiden Gladiatoren, wird bis in alle Ewigkeit über das Leben in Afrika bestimmen. (…)

Manchmal sieht man Menschen am Ende der Trockenzeit, die besorgt gen Himmel schauen und leise fragen: Wo bleibt der Regen? Kommt er wohl rechtzeitig, oder müssen wir hungern?«

Als wir am zweiten Tag unserer Reise wieder zum Niger kommen und den Fluss auf einer Fähre überqueren, steigt die Spannung: Nur noch fünfzehn Kilometer trennen uns von Timbuktu. Wir alle teilen das Gefühl, am Ende der Welt angekommen zu sein. Wir haben die Fahrt als äußerst beschwerlich empfunden und freuen uns auf eine kühle Dusche. Timbuktu – allein der Name kündet schon von einem legendären Ort. Wahrscheinlich zu Beginn des 12. Jahrhunderts von den Tuareg gegründet, gibt es mehrere Erklärungen für den Namen der Stadt, eine schöner, andere wohl näher an der Wahrheit. Der Legende nach lebte hier einst eine Frau namens Buktu, die Wächterin an einem Brunnen war – *tin* in der Sprache der Tuareg. Der Brunnen der Buktu, Timbuktu also (aus *tin* wurde über die Jahre *tim*), wurde ein beliebter Rastplatz auf dem Weg der Karawanen vom Niger in die Wüste. Der französische Orientalist René Basset plädiert für das Berberwort *buqt*, »weit entfernt«. Tin-Buqtu wäre dann der weit entfernte Brunnen. Nach Heinrich Barth ist der Name Timbuktu auf das Songhai-Wort *Tombutu* zurückzuführen und bedeutet »Ort in den Dünen«.

Welche Version auch stimmen mag, jeder von uns hat seine eigene Vorstellung von dieser Stadt. Ihr Ruf setzt ähnlich wie das alte Bagdad, von dem Scheherazade in den Geschichten aus Tausendundeiner Nacht erzählt, ein Feuerwerk der Fantasie frei.

Dieser Ruf geht zurück auf das Reich, das mit Sundiata Keita seinen Anfang nahm. Unter seinen Nachfolgern wurde das Reich Mali noch größer und mächtiger, bis es schließlich unter dem Herrscher Kankan Musa seine Glanzzeit erreichte. Es wird berichtet, dass Kankan Musa 1324 bis 1326 eine Pilgerreise nach Mekka unternahm, bei der er so freigebig das mitgeführte Gold verteilte, dass der Goldpreis in Kairo, dem damaligen Zentrum der arabischen Welt, für Jahre ins Bodenlose fiel. An allen Höfen Europas wurde von dem glanzvollen Herrscher, seinem mächtigen Reich und der sagenumwobenen Stadt Timbuktu gesprochen.

Der Reichtum verdankte sich den Goldvorkommen und dem lebhaften Handel entlang des Niger. Einer der wichtigsten Fernhandelsplätze war Timbuktu. Hier wurden neben Gold Salz und Sklaven, Stoffe und, als eine der wichtigsten Waren überhaupt, Bücher gehandelt. Denn Timbuktu galt als das gelehrte Zentrum Afrikas. Von weit her, aus Persien und den nordafrikanischen Ländern, kamen Studenten, um hier zu studieren. In ihrer Blütezeit

im 15./16. Jahrhundert sollen zwanzigtausend Gelehrte und Studenten in der Stadt gelebt haben, die damals insgesamt etwa hunderttausend Einwohner hatte. In einer Zeit, als in Europa die Menschen hungerten, Hexen verbrannt wurden und Hunderttausende an Pest und Cholera starben, war Timbuktu eine Oase der Zivilisation und Bildung: Jedes damals bekannte Studiengebiet wurde unterrichtet. Höhepunkt dieser Entwicklung in der Wüstenstadt war die Gründung der Universität von Sankoré, einer losen Vereinigung von Moscheen und vielen privaten Häusern, in denen man lehrte und lernte. Ihr kostbarstes Gut waren Bücher, die man in Timbuktu zu Millionen schrieb, sammelte, übersetzte und verkaufte.

Timbuktus Blüte endete, als 1591 die Marokkaner einfielen, viele Gelehrte töteten, vertrieben und verschleppten, Bücher verbrannten. Die Stadt geriet wieder in den Nebel des Vergessens. Als die Europäer drei Jahrhunderte später Westafrika kolonialisierten, erinnerte sich kaum noch jemand an die glanzvolle Periode Timbuktus und sein schriftliches Erbe. Selbst ein so gebildeter Mann wie der berühmte britische Historiker Hugh Trevor-Roper schrieb 1963: »Vielleicht wird es in der Zukunft etwas geben, was afrikanische Geschichte genannt werden kann. Aber zurzeit gibt es die nicht. Es gibt nur die europäische Geschichte in Afrika. Sonst nichts. Der Rest ist Dunkelheit.«

Die Ignoranz, mit der europäische Intellektuelle Afrika begegnen, auch noch in der heutigen Zeit, empört Henning Mankell. Dass von Afrika ausschließlich als einem verlorenen Kontinent die Rede ist, in dem gestorben, gehungert, bestochen wird, in dem Kriege und Seuchen wüten. Dass verschwiegen oder gar nicht wahrgenommen wird, welche Traditionen in allen Ländern Afrikas noch lebendig sind, wie reich das kulturelle Erbe ist. Ganz zu schweigen von der Aufbruchstimmung unter jungen Afrikanern, davon, wie viel hier gelacht und gefeiert und wie wenig herumgenörgelt wird, wie die meisten Männer und Frauen ihr Schicksal trotz schwieriger Bedingungen meistern. Wie sie mit aller Kraft darum kämpfen, wieder »aufzustehen«, wenigstens ein bisschen von der einstigen Größe zurückzugewinnen, so wie das heute in Timbuktu der Fall ist. Auch wenn man das nicht immer gleich auf den ersten Blick erkennt.

Als wir die lang ersehnte Stadt erblicken, spüren wir nichts, aber auch gar nichts vom alten Glanz Timbuktus oder gar von seinem Mythos. Ein einfaches Ortsschild, das von einer viel größeren Werbetafel eingerahmt wird, zeigt an, dass wir uns nicht geirrt haben. Stephane Mallarmé, der französische Dichter, hat recht gehabt, als er vor den Sehnsüchten warnte, die in Erfüllung gehen. Auch Henning Mankell, der endlich, nach fünfzig Jahren, am

Ziel seiner Träume angekommen ist, kann die Enttäuschung nicht verbergen. Wir sehen eine Stadt wie alle anderen auch, mit flachen Lehmbauten, völlig unspektakulär.

Obwohl fast alle Reiseführer davor warnen, mit übertriebenen Erwartungen Timbuktu zu besuchen – wir haben etwas völlig anderes erhofft. Große Teile der Stadt zerbröseln unter dem Angriff von Wind und Sand aus der nahen Sahara. Nur noch vierzigtausend Menschen leben hier, darunter viele Flüchtlinge der Dürrekatastrophe, die die Sahelzone Anfang der 1980er-Jahre heimsuchte. Deshalb sind neben den alten, langsam zerfallenden Lehmhäusern oftmals die Behausungen der Nomaden zu sehen, die aus der Wüste kamen: große, aus Holz und Stroh in Zeltform gebaute Notunterkünfte. In den staubigen Gassen sitzen Männer, redend, rauchend, schweigend. Viele halten sich Tücher oder einen Teil ihres Turbans vor das Gesicht. Denn der Harmattan, der Wind aus der Wüste, treibt feinen Saharasand durch die Straßen, der sich in Augen, Nase und Ohren festsetzt. Auf dem Marktplatz finden sich am frühen Morgen, bevor die große Hitze kommt, all diejenigen ein, die etwas kaufen oder verkaufen wollen, es sind fast ausschließlich Frauen. Dazwischen Eselskarren, das beliebteste Transportmittel in den engen Gassen der Stadt. Das hört sich romantisch an, aber von Romantik oder gar von dem al-

ten, oft beschworenen Glanz Timbuktus ist nichts zu sehen. Darüber können auch die drei Wahrzeichen der Stadt, die alten Moscheen Djinger-ber, Sankoré und Sidi Yahia, nicht hinwegtäuschen. Immerhin lassen sie ahnen, wie Timbuktu einst ausgesehen haben mag.

Es erscheint uns unglaublich, dass man diese Stadt einst das Oxford Afrikas nannte, das geistige Zentrum des ganzen Kontinents. So besagt ein altes Sprichwort: »Salz kommt aus dem Norden, Gold aus dem Süden, aber das Wort Gottes und die Schätze der Weisheit kommen aus Timbuktu.«

Die Stadt war so berühmt, dass im Jahr 1788 von reichen Adligen in London die *African Association* gegründet wurde, die vor allem zwei Ziele hatte: die legendäre Stadt zu finden und den Verlauf des Niger zu erkunden. Nur knapp drei Jahrzehnte später, 1824, folgte in Paris der ewige Rivale Großbritanniens mit der Gründung der *Société de Géographie*. Sie versprach demjenigen Nichtmuslim zehntausend Franc Belohnung, der als Erster Timbuktu erreichte und mit glaubwürdigen Informationen zurückkehrte.

Der Schotte Gordon Laing bezahlte die Jagd nach diesem Ruhm mit seinem Leben: Er betrat im September 1826 die Stadt und wurde kurz danach im Auftrage des Sultans umgebracht, der fürchtete, dass die Europäer den Handel an sich reißen wollten. Erst zwei Jahre später wurde die Belohnung kassiert: Der Franzose René Caillié erkundete, als Muslim verkleidet, zwei Wochen lang Timbuktu und kehrte sicher nach Paris zurück. Der Mann war nicht nur mutig, sondern auch ehrlich: Schon er beschrieb den Ort am Ende der Welt als »eine Masse schlecht gebauter Lehmhäuser«, für den es sich kaum lohne, all die Strapazen auf sich zu nehmen. Es ist fast schon eine Ironie der Geschichte, dass in einem dieser »schlecht gebauten« Häuser – in dem der tapfere Caillié gewohnt haben soll – heute ein kleines Museum eingerichtet ist.

Nicht weit davon entfernt finden wir das Haus des deutschen Afrikaforschers Heinrich Barth, der als weiterer Europäer nach Timbuktu kam. Auch Barth ist beflügelt vom legendären Ruf der Stadt und will seinem großen Vorbild Alexander von Humboldt als Forscher folgen. 1849 schließt er sich einer Expedition an, die von der britischen Regierung finanziert wird und sich zum Ziel setzt, die Sahara von Tripolis aus zu durchqueren, um die Handelswege am südlichen Rand der Wüste zu erkunden. Als der englische Expeditionsleiter am Fieber stirbt, übernimmt Barth die Führung und zieht weiter in Richtung Westen. Als auch der zweite Forscher stirbt, reist Barth fünf Jahre lang allein. Dass er überlebt, grenzt an ein Wunder: Er leidet unter heftigem Fieber, trinkt, als er zu verdursten droht, sein eigenes Blut, hungert, ist körperlich völlig ausgezehrt. Stets von der Gefahr eines Überfalls bedroht, muss er einmal sogar schießen, um sich der Angreifer zu erwehren. Seine Identität verbirgt er geschickt. Als Tuareg verkleidet – er spricht mittlerweile fließend Arabisch, Fulbe, Haussa und einige Tuareg-Dialekte – erreicht er im September 1853 endlich Timbuktu.

Seinen ersten Eindruck notiert er wie folgt: »Die Straßen Timbuktus sind meistens wenig belebt und bieten nicht das rege Treiben einer großen Handelsstadt.« Bei einem seiner Streifzüge durch die Stadt wird er als Europäer erkannt. Die Lage spitzt sich zu. Der Sultan von Massina ordnet die Hinrichtung Barths an, denn es ist Ungläubigen strengstens untersagt, Timbuktu zu betreten. Nur dem Einschreiten des örtlichen religiösen Führers, Scheich Al-Bakkay al-Kounti, verdankt Barth seine Rettung. In einer Epistel aus dem Jahr 1853 bittet der Scheich den Sultan, das Leben Heinrich Barths zu schonen. Al-Bakkay bezieht sich dabei auf islamisches Recht, welches das Töten

eines Menschen streng untersagt, solange er keinen Krieg gegen Muslime führt. Der Sultan folgt dem Scheich in seiner Argumentation, und Barth steht danach unter dem Schutz Al-Bakkays, bis er im Mai 1854 Timbuktu verlässt und sicher nach Europa heimkehrt.

Womit die Geschichte Barths für uns nicht zu Ende ist. Vielmehr stößt sie das Tor auf zu dem einen wirklichen Wunder Timbuktus, das bis heute Bestand hat und nach Meinung vieler Wissenschaftler Anlass sein könnte, die Geschichte Westafrikas neu zu schreiben: zum Schatz der immerwährenden Weisheit, der in Tausenden von Handschriften in kleinen privaten Bibliotheken Timbuktus niedergelegt ist und für Furore unter Experten sorgt. Darunter auch die 1853 geschriebene Epistel von Scheich Al-Bakkay, die Heinrich Barth das Leben rettete. Sie wird heute in der *Bibliothèque Mamma Haidara* in einer unscheinbaren Nebenstraße Timbuktus aufbewahrt. Die im Jahr 2000 eröffnete Bibliothek ist ein Musterbeispiel dafür, wie mit dem kostbarsten Gut der Stadt umgegangen wird. Mehr als zehntausend Handschriften werden dort verwahrt. Abdel Kader Haidara, Leiter und Besitzer der Bibliothek, sieht in Schriften wie der des Scheichs eine Chance, der westlichen Welt zu beweisen, dass der Islam eine Religion der Toleranz ist. Zu Henning Mankell sagt er: »Diese Bücher könnten helfen, die im Westen vorherrschende

Meinung über den Islam zu ändern. Die Wahrheit über die Religion Mohammeds ist viel umfassender als das, was wir heute davon wissen!«

Henning Mankell ist tief beeindruckt. Darum ist er nach Timbuktu gekommen: um den wahren Reichtum dieser Stadt, ihre Bücher, mit eigenen Augen zu betrachten. Alles ist vergänglich, Reichtum, Schönheit, Größe. Aber eines hat ewig Bestand, auch wenn es stetigem Wandel unterworfen ist: Wissen, in Büchern festgehalten. Abhandlungen über Medizin, Astrologie, Astronomie, die Rechte von Frauen nach islamischem Gesetz, Reisebeschreibungen, private Tagebücher, Auslegungen des Korans, Geschichte, Musik, Jurisprudenz, in arabischer Schrift, schlichtweg das gesamte damals verfügbare Wissen – in Timbuktu konnte man es studieren. Abdel Kader Haidara und Henning Mankell sitzen dicht beieinander und unterhalten sich abwechselnd in Englisch oder Französisch über die geschriebenen Schätze. Haidara, der ein langes blaues Gewand trägt, ist stolz und glücklich, einem so interessierten Mann wie dem schwedischen Schriftsteller sein Reich der alten Schriften zeigen zu können. Mit listigen Augen greift er immer tiefer in die Kiste seines Wissens, freut sich über jede Geschichte, die ihm einfällt.

1964 fing alles an, vier Jahre nach der Unabhängigkeit Malis. Die UNESCO und die Regierung entschieden, die alten Bücher zu sammeln und sie in einem Forschungszentrum zu restaurieren und aufzubewahren. Doch es dauerte noch weitere neun Jahre, bis endlich das Ahmed-Baba-Institut gegründet wurde, benannt nach einem Gelehrten, der 1591 von marokkanischen Truppen nach Marrakesch verschleppt wurde. Abdel Kader Haidaras Vater, Mohammed, ein islamischer Lehrer und Buchhändler, wurde zum Institutsleiter bestimmt. Nach dem Tod des Vaters bat man seinen damals noch sehr jungen Sohn Abdel, die Arbeit seines Vaters weiterzuführen.

Haidara verschrieb sich seiner neuen Aufgabe mit Haut und Haaren. Zu Fuß, auf Kamelen und mit Pirogen reiste er durch Mali, immer auf der Suche nach alten Manuskripten. »Ich war in jedem Dorf, habe jedes Familienoberhaupt nach Büchern gefragt«, berichtet er. Uns erinnert Haidaras Erzählung an den Geschichtensammler Alberto, eine Figur aus Henning Mankells Buch *Die flüsternden Seelen*:

»Ich spreche von den alten Liedern und Märchen. Die Jugend von heute kümmert sich nicht darum. Aber eines Tages werden sie sich umdrehen und fragen: Wo ist das alles hin? Ich werde eine Reise von Norden nach Süden durch das Land unternehmen (…), und ich werde alles in meinem Gedächtnis aufzeichnen, sodass es nicht vergessen wird.«

Widerstand und Misstrauen schlugen Haidara entgegen. »In den Dörfern fragten sie mich, was ich mit den alten Manuskripten wollte. Manche meinten sogar, ich sei gefährlich, weil ich die Bücher zerstören oder, schlimmer noch, den Leuten eine neue Religion aufzwingen wollte.«

Abdel Kader Haidara brauchte viel Geduld und Hartnäckigkeit. In manchen Dörfern musste er wochenlang verhandeln, bis man ihm die gewünschten Bücher überließ. Ein Dorfältester forderte sogar eine ganze Moschee aus Lehm als Gegengabe für die Manuskripte. Manche verlangten Geld, andere Kamele, Ziegen oder Saatgut.

»Ganze Herden habe ich für den Kauf der Bücher weggegeben«, lacht unser Gastgeber. Da auch Haidaras eigene Familie viele Manuskripte besaß, diese aber auf keinen Fall verkaufen wollte, verließ er das Ahmed-Baba-Institut und gründete mit Hilfe einer amerikanischen Stiftung eine eigene Bibliothek, die im Besitz der Familie blieb. Seither sind neun Jahre vergangen, und mittlerweile wurden viele Bände digitalisiert und ins Netz gestellt. Ende 2008 sollen es dreihundert sein. Die treibende Kraft hinter allem ist Abdel Kader Haidara.

Henning Mankell ist so begeistert, dass er einen spontanen Entschluss fasst: Nach seiner Rückkehr will er schwedische Organisationen dazu bringen, Haidaras Bibliothek zu unterstützen. Denn trotz aller Mühe und Opferbereitschaft mangelt es an vielem.

Ein Inventar sämtlicher Manuskripte müsste erstellt werden, Texte müssten in moderne Sprachen übersetzt werden, damit sie von Wissenschaftlern ausgewertet werden können. Es fehlt am Geld, um die teilweise stark beschädigten Bücher wieder instand zu setzen. Viele sind nur noch Loseblattsammlungen in Ledereinbänden, sind von Sand, Staub, Termiten und der Zeit angefressen. Auch fehlt es an sicheren Aufbewahrungsstätten. Solange hier keine Abhilfe geschaffen wird, droht die Gefahr, dass Kunsträuber die Bücher stehlen und diese dann in privaten Sammlungen auf Nimmerwiedersehen verschwinden. Besonders wünscht sich Haidara, eine internationale Übereinkunft, die festlegt, dass diese Kulturschätze nach Timbuktu gehören und nirgendwoanders hin.

Denn neuerdings tauchen vermehrt Händler aus Libyen, Saudi-Arabien und anderen meist arabischen Staaten in Timbuktu auf, die ganze Privatsammlungen zu märchenhaften Preisen aufkaufen, sodass heimische Bibliotheken das Nachsehen haben.

Für Henning Mankell sind die alten Handschriften und Bücher Timbuktus der lebende Beweis dafür, dass Afrika eine eigene hochstehende Kultur besitzt. Die Behauptung, dass es in afrikanischen Gesellschaften nur mündliche Überlieferung gebe, sei ein lang gehegtes Vorurteil. Man hat Afrika damit eines Teils seiner Geschichte und Kultur beraubt, so der Vorwurf nicht nur des Schweden. In der Kolonialzeit wurde mit dem angeblichen Fehlen schriftlicher Überlieferung die kulturelle Minderwertigkeit Afrikas begründet. Erst wenn die westliche Welt die Kultur Afrikas wahrnimmt und wertschätzt, wird es zu einer Veränderung der gegenseitigen Beziehung kommen, davon ist Henning Mankell überzeugt. Denn wer weiß heute schon, dass es Ärzte aus Timbuktu waren, die am französischen Hof über die Gesundheit der Könige wachten?

Archivare müssen ausgebildet und eine zentrale Institution gegründet werden, wo Spezialisten für die Konservierung der Handschriften Sorge tragen, darin ist sich Henning Mankell einig mit Haidara. Er will selbst dazu beitragen, dass die Pläne verwirklicht werden. Dass Abdel Kader Haidara gleich eine Bibliothek vom Zuschnitt derjenigen Alexandrias gründen will, ruft auch bei ihm Begeisterung hervor.

Unser Abschied ist herzlich. Wir sind nach dem Besuch von Haidaras Schätzen versöhnt mit Timbuktu, dessen Reize sich uns zunächst so gar nicht erschließen wollten. Für Henning Mankell ist ein Kindheitstraum in Erfüllung gegangen, und er ist um eine Illusion ärmer und um eine Hoffnung reicher geworden. Er hat eine neue alte Welt faszinierenden Wissens entdeckt, einen Schatz, der nur darauf wartet, gehoben zu werden.

Wir haben verstanden, dass Timbuktu nicht nur eine staubige Stadt in der Wüste ist, sondern auch eine Metapher: etwas Altes, in dem der Keim für einen neuen Aufbruch steckt.

Dafür spricht auch das junge Mädchen, das wir eines Abends unter dem Licht einer Laterne lesen sahen. Der Schriftsteller hat über sie notiert:

»Die Nacht war sehr warm, und sie war in der Lektüre versunken. Bei ihr zu Hause gab es keine Lampen, aber die Straßenbeleuchtung war ja für alle da. So

etwas habe ich in Afrika oft gesehen. In der Wirklichkeit, aber auch in meinen Träumen. Vielleicht war auch dieses Mädchen eine Traumgestalt.

Es ist eine Geschichte, die selten erzählt wird. Die Geschichte, dass Afrika nach Erleuchtung sucht und nach einem Weg zu lernen. Die junge Frau ist auf der Suche nach Vergangenheit, aber genauso sucht sie eine Zukunft.«

Die letzte Station unserer Reise – sie steht wie ein Ausrufezeichen hinter allem, was wir gemeinsam mit Henning Mankell in den fünf Wochen unterwegs erlebt haben. Unsere Wege trennen sich. Der Schriftsteller fährt nicht mit uns im Auto zurück, er hat sich ein Flugticket besorgt. Er hat genug von staubigen Straßen und übermüdeten Fahrern. Trotz aller Liebe ist Afrika auch für ihn nicht immer leicht zu ertragen. Für keinen von uns. Wir sind froh, dass wir alles gut überstanden haben. Aber es wäre zu kurz gegriffen, nur Staub, Hitze und die langen Arbeitstage für unsere Erschöpfung verantwortlich zu machen. Es ist auch eine mentale Erschöpfung, die von uns allen Besitz ergriffen hat. Wir haben von so vielen Schicksalen gehört, wir haben so viel Leid gesehen, und wir haben darin mit Bestürzung unser eigenes verzerrtes Bild als Wohlstandsmenschen einer übersättigten Zivilisation erkannt. Was ist falsch gelaufen in unserer Entwicklung? Warum haben sich unsere Wege getrennt von uns Europäern und der Afrikaner, wenn wir doch alle aus derselben Savanne, aus derselben Wiege stammen? Wann wird es gelingen, das Schicksal der Menschen in Afrika auch als unseres zu betrachten?

Mit Henning Mankell reisen heißt, die Augen öffnen. Er zwingt uns, ähnlich, wie er uns in seinen Kriminalromanen in die finstersten menschlichen Abgründe blicken lässt, dass wir auch in Afrika den Blick nicht abwenden, wenn das schlimmste Elend sich vor uns ausbreitet. Aber er lässt uns auch das Schöne deutlicher sehen. Er zeigt uns, dass auch in der Armut Würde steckt und dass im Angesicht der Katastrophe gelacht werden kann.

Text- und Bildnachweis

Die Textnachweise beziehen sich auf folgende Ausgaben:

Henning Mankell: *Die flüsternden Seelen.* Aus dem Schwedischen von Verena Reichel, Paul Zsolnay Verlag, Wien 1998.
Henning Mankell: *Der Chronist der Winde.* Aus dem Schwedischen von Verena Reichel, Paul Zsolnay Verlag, Wien 2000.
Henning Mankell: *Ich sterbe, aber die Erinnerung lebt.* Aus dem Schwedischen von Verena Reichel, Paul Zsolnay Verlag, Wien 2003.

S. 28: *Der Chronist der Winde*, S. 7.
S. 145: *Die flüsternden Seelen*, S. 253 f.
S. 146: *Ich sterbe, aber die Erinnerung lebt*, S. 34.
S. 203: *Der Chronist der Winde*, S. 84.
S. 172: *Die flüsternden Seelen*, S. 172.

INHALT

Mittelmeer
TUNESIEN
Madeira
(Port.)
MAROKKO
Kanarische Inseln
(Span.)
ALGERIEN
LIBYEN
ÄGYPTEN
WESTSAHARA
(von Marokko besetzt)
Nasser-
see
Rotes
Meer
MAURETANIEN
Nil
Timbuktu
NIGER
TSCHAD
ERITREA
Dakar
Insel
Gorée
SENEGAL
MALI
SUDAN
Blauer Nil
Niger
Tschad-
see
GAMBIA
Bamako
BURKINA
FASO
GUINEA-
BISSAU
GUINEA
BENIN
NIGERIA
ÄTHIOPIEN
SIERRA
LEONE
TOGO
Benue
ZENTRAL-
AFRIKANISCHE
REPUBLIK
Weißer Nil
ELFENBEIN-
KÜSTE
GHANA
LIBERIA
KAMERUN
Ubangi
Turkana-
see
Gulu
Murchison
Park
SÃO TOMÉ
UND PRÍNCIPE
ÄQUAT.-
GUINEA
Kongo
UGANDA
Tororo
KENIA
KONGO
Kampala
Äquator
Eduardsee
GABUN
DEMOKRATISCHE
REP. KONGO
(Zaïre)
RUANDA
Viktoriasee
BURUNDI
Tanganjikasee
TANSANIA
Kubango
Kassai
Karonga
Malawisee
ANGOLA
MALAWI
Pempa
Lilongwe
SAMBIA
Atlantischer Ozean
Tete
MOSAMBIK
Karibasee
Sambesi
Okawango
ZIMBABWE
Beira
NAMIBIA
Limpopo
BOTSUANA
Kalahari
Maputo
Vaal
SWAZILAND
Oranje
LESOTHO
REPUBLIK
SÜDAFRIKA
0 200 400 600 800 1000 km